ビターな現実に打ち勝ち、
人生を9割ラクにする方法

38歳までに受けたい「甘くない」お金の授業

井上ヨウスケ ファイナンシャルプランナー

はじめまして！
ファイナンシャルプランナーの
井上ヨウスケです
この本は20代-30代の人が、
「お金に困らず、
人生を豊かに送る」ために
書きました
お金に困らず、
豊かな人生を送っている人
あなたは、
どんな人だと思いますか？
お金持ち？
違います。
お金と満足度は
比例しません

こちらは、
日本の実質ＧＤＰと
満足度を表したグラフです
（内閣府の資料を基に作成）

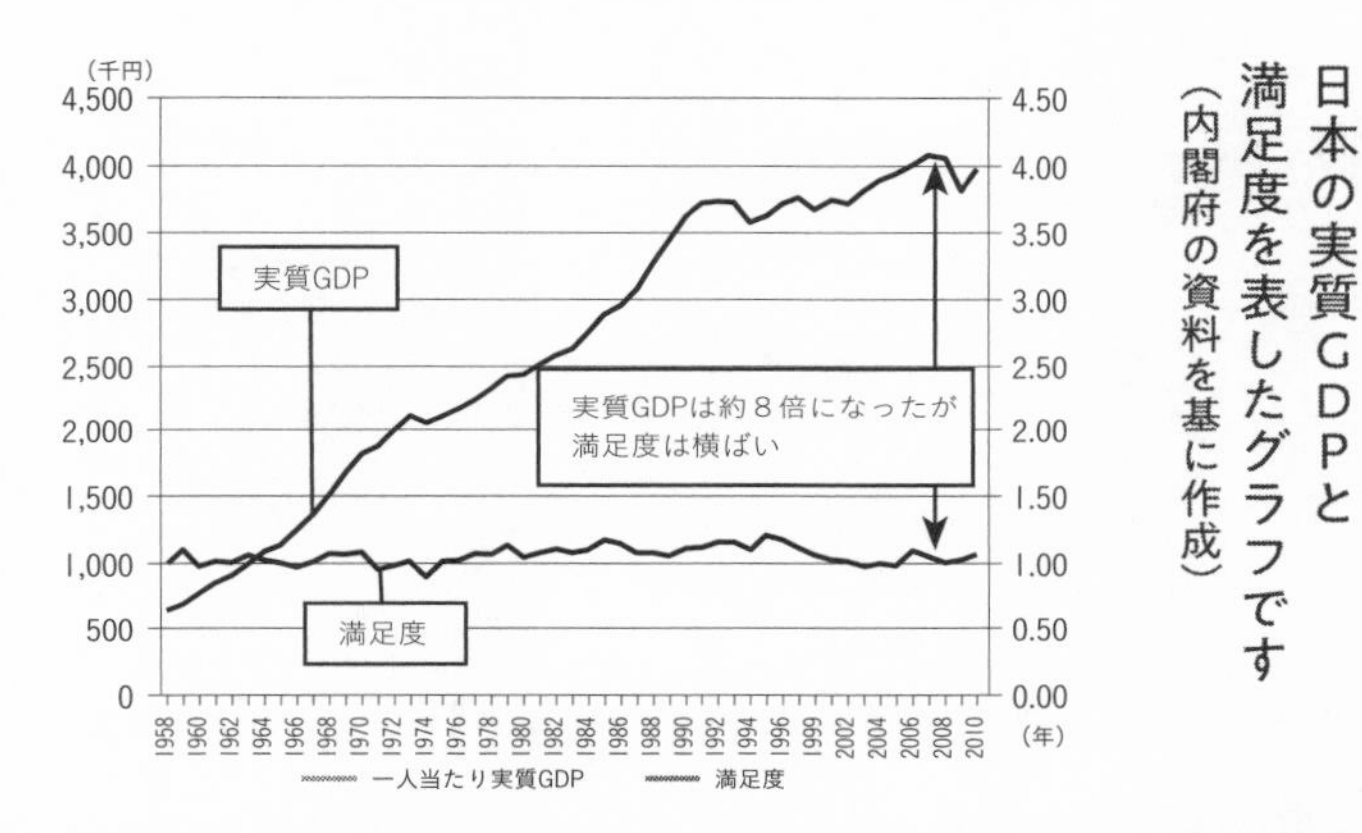

１９５８年から
現在までの
１人あたりの実質ＧＤＰは、
約８倍になりました。
しかし、満足度は
ほとんど変化が
見られません。
色々な理由が
考えられますが、
１つわかっていることが
あります。
それは、
「お金を手にしたら
幸福になれる」ほど、
人生は単純ではない
と言うこと

では、
お金の知識なんて
不要なのでしょうか？
もちろん、そんなことは
ありません

なぜなら僕らの老後は、
今よりもっと
過酷な状況になることが
予想されるから

たとえば年金
年金手帳
年金手帳
僕らが年金をもらうころ、受給額は20％前後のダウンが予想されてます
10000
10000
悲観的？
とんでもない！
NO
詳しくは6章に譲りますが、厚生労働省の資料※に堂々とそう書かれているんです
20% DOWN
※2019（令和元）年財政検証結果　ケースⅣの場合
なら、僕たちは年金ダウンを前提に、ライフプランを考えなければいけません
お金に困らず、豊かな人生を送る。そのために、「正しいお金の知識」は必須です

現実を書いたつもりですから、
「苦く」思える箇所も
あるでしょう
でも同時に、
シビアな現実に
打ち勝つための方法も
書いたつもりです
その方法とは何か？
その方法を
あなたはどう思うか？
ご覧いただければ、
光栄です
ちなみに、
徹底的にわかりやすく
書いたつもり
！

僕は28歳まで役者を目指してました。「お金の話って難しそうでイヤ」という人の気持ちは死ぬほどわかってます
わかりやすさには定評があって、僕のYouTubeやUdemyの感想は下のとおり
投資の話する人って、わざわざ難しい言葉使って聞き取り手を混乱させるけど、簡単な言葉で話をしてくれるからすごくいい（ササ）
ブラックボックスのような保険について、数字・確率を使って理論的に説明していた点が良かったです。保険に入っていれば安心ではない、ならどうするか、というところまで考えるきっかけになりました（S・O）
私自身、金融機関に勤めているFPで、日頃から確定申告や証券税制、相続贈与などの相談に対応していますが、ここまで簡潔にポイントを伝えられることがなかった（R・A）
この本があなたの実り多い人生につながることを祈って、さっそく本編スタート！

第1章 8割の人が「お金に使われている」

第2章 【使う力】お金を「消費」「浪費」「投資」の3つに分類する

第3章 【稼ぐ力】あなたには「1億円以上の人的資本」がある

第4章 【守る力】あらゆるリスクに備える「最強の保険」とは？

第5章

【増やす力】インデックスファンドは「投資の実力」ではなく何を求める？

第6章 老後のお金の不安を9割減らす「たった1つの方法」

第1章

8割の人が「お金に使われている」

「お金を使う人」と「お金に使われる人」のどちらになりたいか？

あなたに質問です。あなたは「『お金を使う人』と『お金に使われる人』」のどちらになりたいですか？　おそらく、多くの方はお金に使われる人生は嫌だと答えますよね。ですが、実際はお金に使われる人が全体の8割を占めると言っても過言ではありません。これはなぜでしょうか。

理由はいくつかあると思いますが、1つはたくさんお金を使えることが幸せだという価値観です。ですが、この価値観で幸福を求めるのは至難の業です。資本主義というのは僕たちの欲望を全て商品化します。そして人の欲望というのは終わりがありません。つまり、上を目指すとキリがないということです。

1つたとえ話をして考えてみましょう。あなたの年収が2000万円だったとします。平成29年度の厚生労働省の調査によれば年収2000万円の人は、日本全体でみれば1・3％しかいないので、言ってしまえば日本で「上位1％」に分類されます。あまり好きな言葉ではありませんが、いわゆる「勝ち組」と言われる人です。

当然、あなたの同級生はあなたに尊敬のまなざしを向けます。同級生の褒め言葉であなたの自尊心も満たされます。そして、あなたは憧れの超高級タワーマンションを購入することを決断します。購入したあなたを見て、同級生は嫉妬(しっと)すら抱くほどです。

ですが、幸せなのはここまでです。タワーマンションに住んであなたは驚きます。そこには、今まで見たこともないようなお金持ちばかりが住んでいます。あなたが頑張って長期ローンを組んで買ったタワーマンションをキャッシュで買うほどのお金持ちがたくさんいます。駐車場に止まっている車も超高級車ばかり。あなたも高級車に乗っていますが、その駐車場に止めるのが恥ずかしくなるほどの超高級車ばかりが並んでいます。**あなたは憧れのタワーマンションを手にしたはずなのに、なぜか劣等感を感じてしまっています**。

理由は簡単です。比較する対象が変わったからです。あなたは変わらず日本では上位1％に分類されるほどのお金持ちです。ですが、タワーマンションの住民と比較するとあなたの所得は負けています。自分の所得が日本全体で何番目なのかを考えて生きる人などいません。周りの誰かと比較して自分は裕福かどうかを確かめます。全体を見ずに一部でしか情報を見ないことを行動経済学では「生存バイアス」と言います。

このたとえ話で伝えたいことは、所得の高い人間はたくさんいて、他人と比較して幸福を追い求めるのは実現可能性が低いということです。もう少し深く考えてみましょう。多くの人は、お金が欲しいからお金を求めるのでしょうか？　違いますよね。**幸せになるためにはお金が必要だと思うから、お金を追い求める**わけですね。

ただ、それだけで幸せを手にするのは難しいし、できている人はほんの一握りだということを覚えていてください。

「お金」と「生き方」どちらを優先したいか？

お金は、なぜ必要なのかを考えたことはありますか？

お金は、あなたの何かを実現させるために必要なものです。実現させたい何かを、お金を通じて実現させます。つまり「手段」です。ということは、あなたが実現させたいライフスタイルに応じて、必要なお金の量は変わります。

僕の例をお話ししましょう。僕は本書を書いている時点で大阪にいますが、本書が出版される時には、妻のふるさとである高知県に移住している予定です。僕は大阪生まれ大阪育ちで自然が近くにある環境ではありませんでした。そんな僕が、妻の家族と会い驚きを受けました。それは、妻の家族が高知で日常的に「マイクロツーリズム」をしていたからです。マイクロツーリズムとは、自宅から1時間程度の距離で県をまたぐことなく海や川、地元で遊ぶことです。大阪にいた僕にはそんな感覚はありませんでした。だから、それがとても羨ましかったのです。

だったら、僕も高知県に移住してそんな生活をしようと考えました。僕は正直、物質的な豊かさだけを求める生き方は嫌いですので、1ヶ月30万円も収入があれば十分に貯蓄しながら生きていけます。むしろ、長時間の労働で高所得を得るより低所得でも短時間労働を望んでいます。また、移住のためにどこにいても一定の収入を手にできるようにYouTubeやUdemy（教材動画販売サイト）などで動画を作成・販売できるようにしたので、大阪にいる時と同じ仕事を高知でもすることができます。

僕の例を聞いてもらいましたが、どうでしょうか？　順位で言えば、僕は生き方を優先しました。仕事やお金はその次です。多くの方は違います。お金を優先するので、それに合わせた仕事、生き方となります。それが自分の望む幸福ならいいと思いますが、そうでない方が多いでしょう。やはり、お金のためだけに働くと幸福は感じにくいと思います。

「お金で損をしない人」の特徴

では、どうすれば幸福を感じられるのでしょうか？

簡単です。あなたの価値観をしっかりと持つことです。**本書で一番伝えたいことは「自分の価値観を持つ大切さ」**と言っても過言ではありません。

あなたにとって何が幸せなのか？

そもそもなぜそれを幸せと感じるのか？

この2つを突き詰める力です。この力のない人は、金額や他者評価でしか価値を測ることができません。「高級だからいいモノだ」「ミシュラン3つ星だから美味しいはずだ」

「○○さんがオススメしていたから」が代表的ですね。

でも、どれだけ所得が高くなっても、あなたが吉野家の牛丼を美味しいと思えるなら、高級レストランに行かず吉野家に行けばいいのです。

ライフネット生命創業者で立命館アジア太平洋大学学長の出口治明さんは著書『働く君に伝えたい「お金」の教養』でこのように言っています。

お金で苦労する人は、データを見ず、自分で考えない人です。
お金に振り回される人は、考えても仕方がないことを考える人です。
お金で損する人は、与えられた情報を鵜呑みにする人です。

お金で損をしないためには、自分のアタマで考えるしかないということです。

お金を使いこなすために必要な「4つの力」

本書では、自分のアタマで考えるために役立つ4つの力をお伝えします。お金を使いこなすためには「使う力」「稼ぐ力」「守る力」「増やす力」の4つが必要になります。これは全てバランス良く持つべき力です。

どれだけ稼ぐ力を身につけても使う力がなければ、お金は残りません。どれだけ使う力があっても増やす力がなければ、老後にお金を残すことが難しくなります。日本人は「使う力」に含まれる節約は得意ですが「増やす力」や「稼ぐ力」は大の苦手ですので、ぜひ固定観念は捨てて読んでもらえればと思います。

僕の大好きな言葉の1つにアインシュタインのこの言葉があります。

常識とは18歳までに身につけた偏見のコレクションのことをいう。

あなたが今まで常識と思っていたことは、ただの偏見だということです。多くの人は18歳までに身につけた偏見を常識と信じ残りの人生を歩みます。

でも、18歳までに出会う人たちを振り返ってください。たまたま同じエリアに住んでいるという理由だけで同じ学校に集められ、出会う大人は学校の先生と親くらいです。こうやって18歳までに、価値観を作るわけです。

ですが、世の中には他にもたくさんの考え方があって、いろんな生き方があります。僕は**18歳から何を学ぶのか？ が、その人らしさを作る**と思っています。そのためには自分が持っている常識を常に疑う必要があります。反射的に「いやいやっ」と思っても、あえて一度咀嚼（そしゃく）して考えるクセをつけることをオススメします。

まとめ
Summary

お金を目的にしてはいけない

・お金は目的を達成するために必要な手段（ツール）の１つ
・お金で損しないためには、自分のアタマで考えるクセをつける必要がある
・あなたの常識は偏見かも？？　常識を疑うクセをつけよう

第2章

【使う力】
お金を「消費」「浪費」「投資」の3つに分類する

なぜ、手取り収入の20%を「投資する」ことが大切なのか?

お金の力で一番大切なのは間違いなく「使う力」です。全ての力の土台となるのが使う力です。お金を増やすにしても、お金が残っていなければ増やせません。まずは入ってきたお金を残す習慣を付けることが大切です。この貯蓄の大切さは名著『バビロンの大富豪』でも書かれています。

わしが富への道を見つけたのは、稼いだものは、すべてその一部を自分のものとしてとっておくことを心に決めた時だ。お前とて同じことができるはずだ。

バビロンの大富豪は、貧しい少年がお金持ちになるための教えを請うストーリー仕立ての書籍です。その中にこの言葉が書かれています。あなたが稼いだお金を衣服の仕立て代に使えば、それは服屋さんの所得となり、あなたにお金は残らない。

だから、稼いだお金は誰かのために使うのではなく、自分のために残しなさいということです。バビロンの大富豪では入ってきたお金、つまり手取り収入の1割を自分のために残すことを推奨しています。僕は**手取り収入の20%を自分のために使うのが理想**だと考えています。

あなたは今現在、自分のために手取り収入の20%を確保できていますか？

もしかすると、そもそも自分のお金を何に使っているかを把握していない人が多いかもしれませんね。実際、調査会社アスマークが2019年に行った調査では家計簿をつけていない人の割合は53・2%と、2人に1人は家計簿をつけていないそうです。

家計簿をつけるだけで貯蓄できるわけではありません。ただ、家計改善をしようにも何にいくら使っているかがわからなければ、どこから手を付けていいのかわかりません。つけたことがなく貯蓄が思うようにできない人は、家計簿をつけてみることはオススメです。

「家計簿なんかつけるのメンドくさいよ」と言う人は、今から紹介する方法を実践してください。

超シンプルにお金の使い方を「仕分け」してみよう

家計簿というと食費がいくら、日用品がいくら……と細かい印象がありますが、そこまで細かい把握をする必要はありません。シンプルに「消費」と「浪費」と「投資」という3つのカテゴリーに分類してください。理想的な割合は以下のとおりです。

・消費　75％
・浪費　5％
・投資　20％

正直、消費と浪費の割合はどうでも構いません。大切なことは投資に20％のお金を使えているか？

これを確認する方法は至ってシンプルで、買い物をするたびにレシートを必ずもらうようにしてください。クレジットカードやデビットカードを利用する場合でも、レシートもしくは利用明細をもらえるので、それを捨てずに持って帰ってきてください。そして自宅には100円均一で売っているような適当な大きさの箱を4つ用意してください。1つはｉｎｂｏｘ（とりあえずＢＯＸ）とし、残り3つは「消費」「浪費」「投資」としましょう。

毎日家に帰ったら、財布にあるレシートを全てｉｎｂｏｘに入れておきます。インターネットでの買い物が多い人は、「メモにどこで何をいくらで買ったか?」を書いてｉｎｂｏｘに入れておきます。そして週末の休みの日にｉｎｂｏｘに溜まったレシートなど消費、浪費、投資のそれぞれのボックスに仕分けしてください。

一体何が投資で、何が浪費かわからなくなるかと思いますが、消費と浪費は直感で仕分けてください。週末に行うのもこれが理由です。買った時は必要と思ったけれども、時間が経つといらないものになることってありますよね。それを見分けるために購入して少し時間をおいてから、週末に消費だったか浪費だったかを判断しましょう。

次に投資カテゴリーです。投資の言葉のとおり、リターンを生むことができるものに投じた資金かどうか、です。デジタル大辞泉で投資の意味を調べると「利益を得る目的で、事業・不動産・証券などに資金を投下すること。転じて、その将来を見込んで金銭や力をつぎ込むこと。」

あなたが使ったお金が将来リターンとして返ってくることが見込めるも

のは、投資カテゴリーに入れていいと思います。僕にとっては資格取得に使った資金や毎月の読書などが代表的な投資資金の使い道です。当然、純粋な貯蓄や、投資信託を購入した資金なども投資カテゴリーに含めましょう。まとめると、以下のようになります。

・消費　お金を使う必要があったもの
・浪費　お金を使う必要がなかったもの
・投資　将来、利益を生むと思って投じたお金、貯蓄（自己投資を含める）

これを4週間繰り返すと約1ヶ月です。あとは集計を行い、「消費／手取り収入×100」で計算すると、手取り収入に対して消費が何％なのかを把握することができます。

浪費も同様です。仮に手取り収入が16万円、消費が11万円だったなら約69％、浪費が1・5万円なら約9％です。合わせると78％ですので、残った22％が投資カテゴリーに含まれることになるはずです。

社会人になりたての頃は1人暮らしで奨学金の返済もあると、手取り収入の20％を投資に使うのは難しいかもしれません。そんな場合は、まずは10％を目標に頑張りましょう。

図1　ザックリとでいいから「支出の内訳」を確認

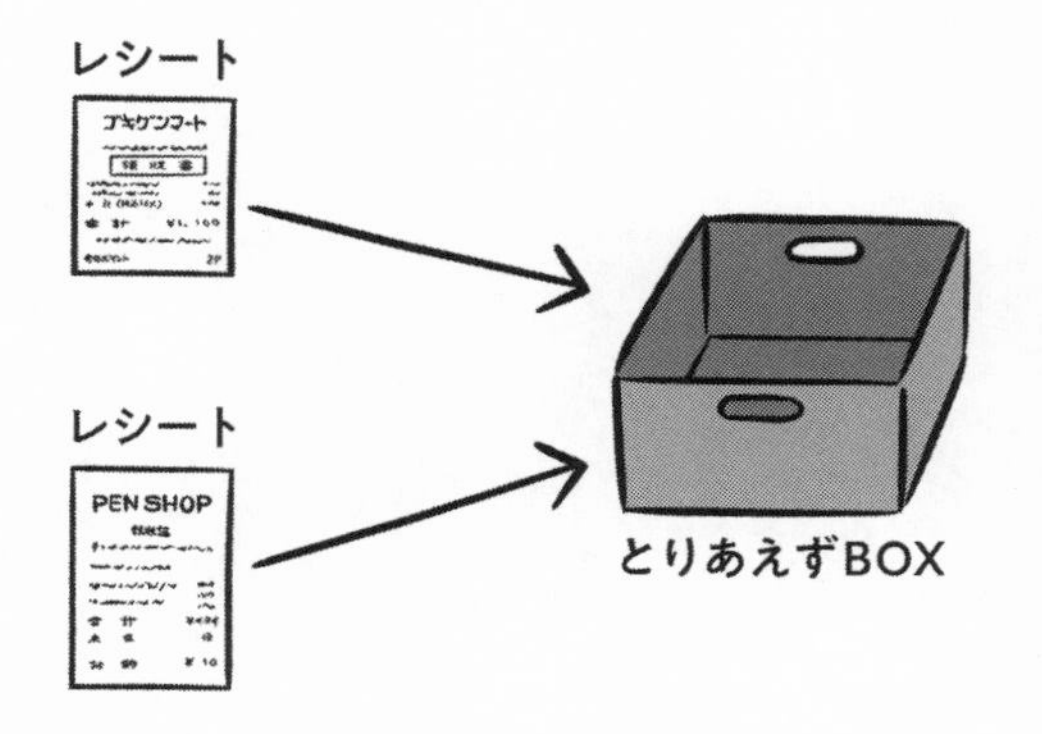

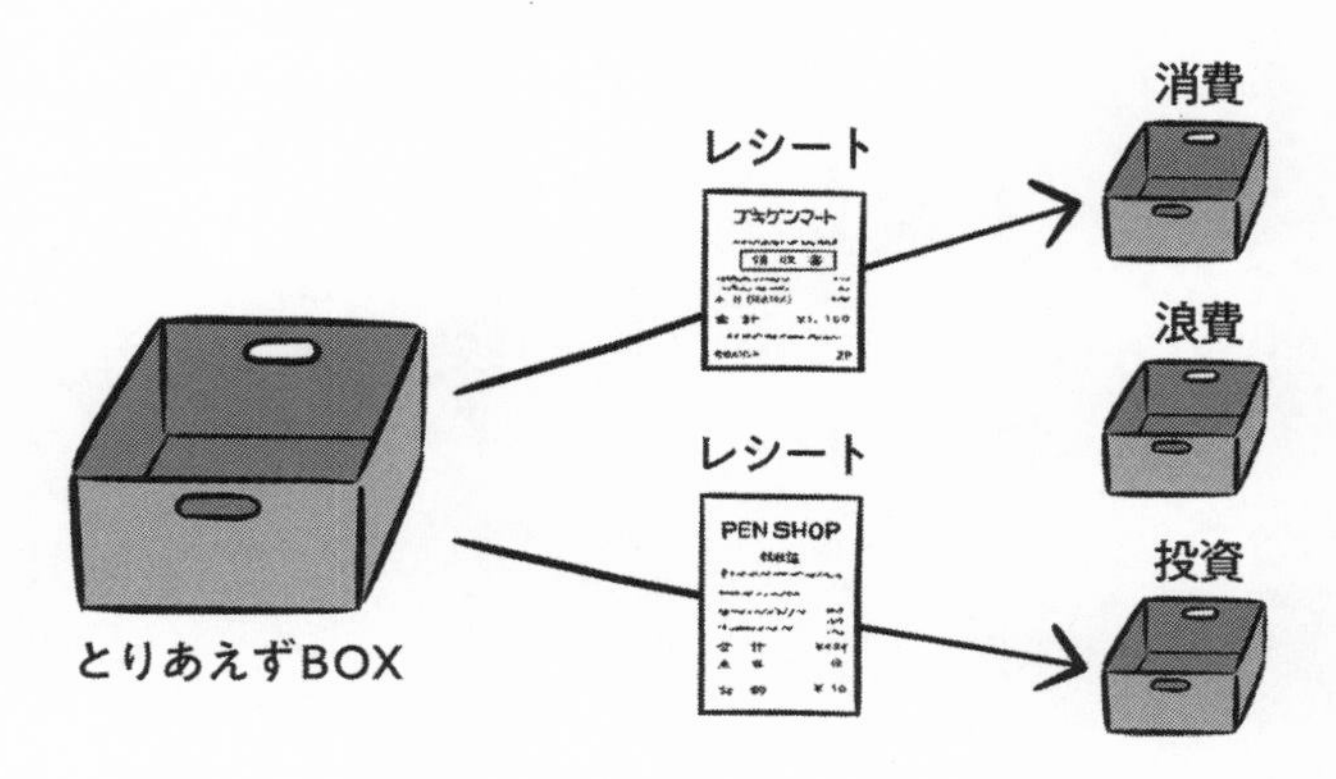

もしかすると、それすら難しいと嘆いている方もいるかもしれません。ですが厳しいことを言うようですが、自分を助けてあげられるのは自分だけです。将来は今の自分の積み重ねです。今が必死で貯蓄ができないなら10年後も今と一緒です。

10年後の自分を助けてあげるために、今の自分が何かをしておかなければいけません。

僕は28歳まで役者をしていたので、FP（ファイナンシャルプランナー）として活動してからもすぐには生計が立てられず、30歳になってもアルバイトをしていました。当時20歳のフリーターの男の子に「おいっ、井上！　これ運べ！」と呼び捨てで、名前を呼ばれながら働いていました。1日でも早くアルバイトを辞めたかったのですが、生活はカツカツで、それでも毎月生活を切り詰めて、手取り収入の20％は本を買ったり、講座を受けたりと自分への投資を欠かしませんでした。その頃に読んだ本の知識のおかげでYouTubeで多くの方にご視聴いただき、この本も出版するに至りました。

知識は誰にも奪われることのない、かけがえのない資産です。

将来の自分を助けるために、多少無理をしてでも「投資」は欠かさないようにしてください。

自分の身を守るために「相手の立場」になって考える

次にお金を使うときにとても大切な考え方を紹介します。それは「相手の立場になって考えること」です。これができない人は、言葉は悪いですがカモです。投資信託の話をしていると「どこで買えばいいですか？」と聞かれます。僕はネット証券がいいと言うのですが、銀行で買いたいと言う人がおられます。理由としては相談できるから、だそうです。

メリット、デメリットを理解した上で利用するなら問題ありませんが、このような発言をされる方は、メリットだけ見てデメリットを見ていない場合が多いです。単純に考えてみましょう。投資信託の商品を販売する側からすると、利益になるのは手数料です。ネット証券は店舗を出していないためコストを抑えられていますが、店舗を出す銀行などはテナント代や人件費などの店舗運営費が発生します。それなのに、相談は無料なのです。この人たちのお給料などはどこから支払われるのでしょうか？

当然、手数料です。つまり無料で相談に来てもらって、投資信託や保険を買ってもらい、手数料を払ってもらい成り立つビジネスなのです。そこでする相談は、果たしてあなたにとって有意義な相談になるのでしょうか？

あなたとしては自分に有利な、手数料も安く良い商品を選びたい。しかし販売側は、手数料が少ない商品を売っても、大きい儲けにならないでしょう。つまり、あなたが一番有利になる商品を勧めてくれる確率は低いということです。**相手の立場を想像すれば、「対面で相談できること」は、あなたにとって一概にメリットになるとは言えない**ことがわかると思います。

銀行の無料相談を有効活用できるのは、そこまで理解してかつ自分にも知識があって、対等に会話のできる状態の人だけです。一般的には客と販売員には情報の非対称性があります。たとえば、僕は中古車に対する知識がありません。この状態で中古車選びをしようにも販売員の言っていることが正しいのか間違っているのか、判断すらできません。基本的には、買う側より売る側の方が知識は多いのです。ここのギャップが小さいとき、初めて無料相談などを有効活用できます。

ＦＰの世界も一緒です。相談料を取って生計を立てるＦＰは、保険の見直しを勧めるのが自然です。なぜだかわかりますか？

相談料をもらって生計を立てるわけですから、相談してもらわないと利益になりません。「保険の見直しをしましょう」と言って、相談に来てもらうことで、初めて利益につながるわけです。売り手が何で利益を出すのかを考えることが、相手が信用できるかどうかを判断する基準の1つになるということです。

「相手の立場に立って考える」という思考のクセは、相手のためだけではありません。自分の身を守るためなのです。**「ビジネスにおいて、自分のメリットと相手のメリットが一致するとは限らない。いや、一致する方が珍しいかもしれない」そう心得た上で、お金を使っていきましょう。**

まとめ
Summary

自分のために使えるお金を残そう

- 手取り収入を「消費」「浪費」「投資」の 3 つに振り分ける
- 手取り収入の 20% を投資することを目標にする
- 自分のお金を守るために相手の立場に立って考えるクセをつけよう

第3章

【稼ぐ力】
あなたには「1億円以上の人的資本」がある

「貯蓄ができない＝資産が減る」の方程式が成り立つワケ

よく貯金がなかなか貯まりません……というお悩みを聞きます。もし、僕が「貯蓄が増えない＝資産は減っている」と言うと驚きますか？　「そんなわけはない。貯蓄が増えていないだけなのになぜ資産が減ることにつながるのか？」と思いますよね。でも、それは大間違いです。金融資本だけを見ずに人的資本を含めて考えれば「資産が減っている」ということが理解できるようになります。

資本とは、簡単に言えばお金を生み出す元手です。世の中には大きく2つの資本があります。それは、金融資本と人的資本です。金融資本とは、お金を株や不動産などに投じて富を得るということです。人的資本とは自分を使って労働市場からお金を得ることです。「体が資本」という言葉がわかりやすいですね。体を壊すと働けなくなり収入を得られなくなるので、自分自身は資本だということがわかります。

この人的資本を理解すると、22歳で社会人1年生の金融資本は0からのスタートですが、

図2　若い人ほど「人的資本」は多い

人的資本と金融資本とは？

人的資本

人的資本を
労働市場に投資して
富（収入）を得る

金融資本

金融資本を
金融市場に投資して
富を得る

人的資本は多くある状態、ということがわかります。

人的資本の価値は「1年間に生み出す価値×働く年数」です。22歳でこれから働く人は、55歳のリタイヤが近い人よりも、人的資本が高いことになります。仮に生涯賃金が3億円だとすると、人的資本は22歳の時点で3億円あるということになります。ただし正しくは、現在価値に直す必要があるので、実際はもっと少なくなります。現在価値の話は難しいのですが、簡単にお話をしておきます。算数が苦手な方は、サラッと読み流していただいて構いません。

質問です。今100万円もらえるのと、40年後に100万円もらえるのと、どちらを選びますか？　もちろん今欲しいですよね。いますぐ使えるという価値があるし、今の100万円と将来の100万円の価値は同じではないからです。もし、今もらった100万円を40年間2％で運用できれば約220万円になります。つまり、**2％で運用できる状況であれば、今の100万円は40年後の220万円と同じ価値になる**と考えられます。

これと同じように40年後に100万円の価値があるものが、今の価値でいくらかを考えることを現在価値に割り戻すといいます。計算の流れはシンプルで「X円を40年間2％で運用したら100万円になる」場合のXを求めるだけなので、計算すると約45万円となります。このように正しくは現在価値に直す必要があり、生涯賃金3億円の人の人的資本も現在価値に直すと3億円ではなくなります。厳密に計算をしても、数字が変われば結果も変わるので、生涯賃金が3億円の人でも22歳の時に1億5000万円ほどあると思っておきましょう。

さて、現在価値の考え方はともかく、人的資本という存在を理解することができれば「貯蓄が増えない＝資産が減っている」の意味が理解できるはずです。人的資本は自分の働ける期間が少なくなればなるほど価値が減ります。つまり、労働で得たお金を金融資本に移さなければ人的資本と金融資本の合計は減り続けるわけです。

図3　金融資本を増やさないと合計の「資本」は減る

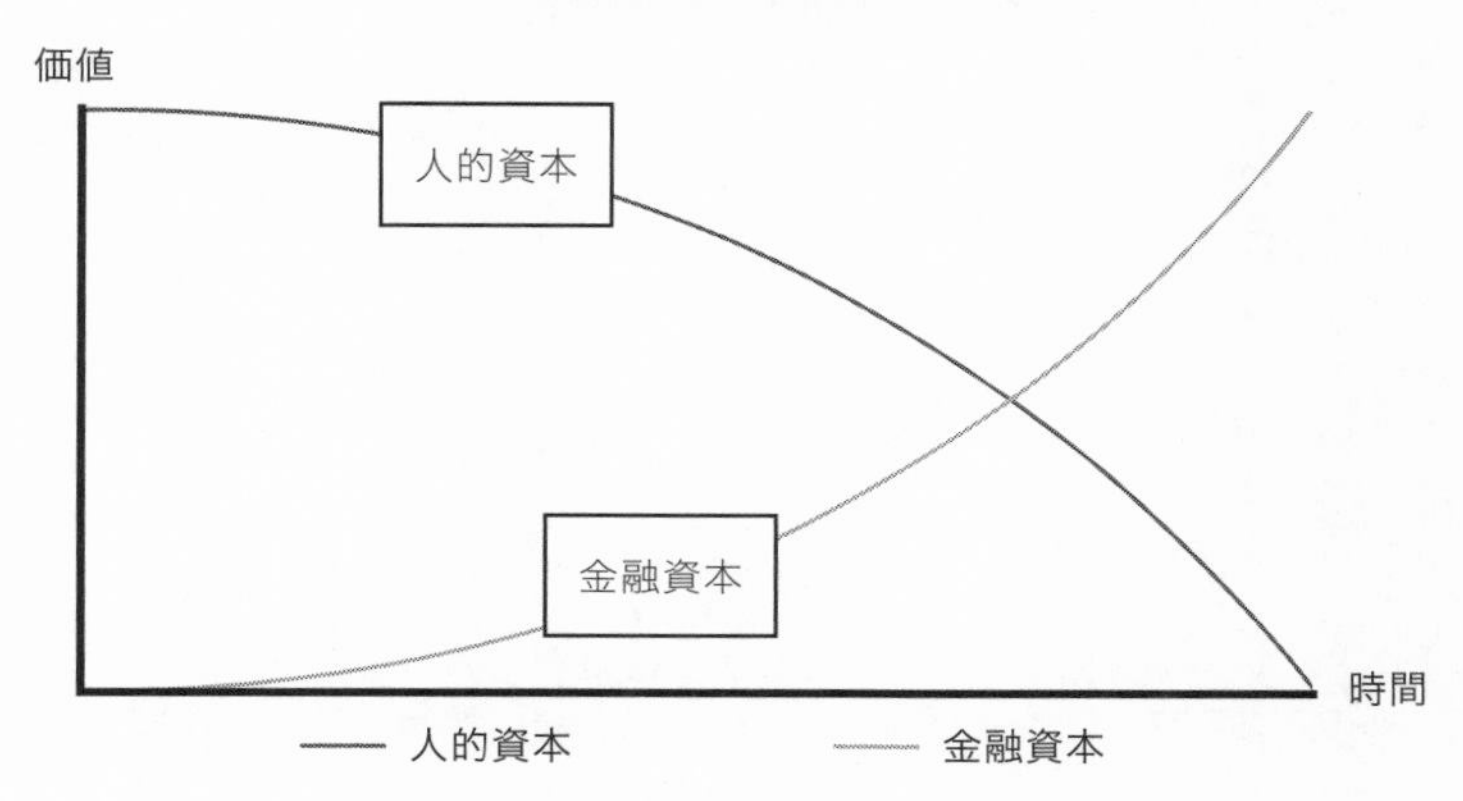

仮に22歳で人的資本が1億5000万円、金融資本が0円だったとしましょう。そして30歳になって人的資本は1億円、金融資本が0円だったとします。金融資本だけ見れば増減0なので貯蓄が増えていないだけですが、人的資本は5000万円減少しています。つまり、**人的資本が減った分だけ、合計の「資本」が減っている**ということです。

若い人ほど自己投資が「割の良い投資」になる理由

若いうちから人的資本を理解しておくことは非常に重要です。人的資本を理解しておくと、自己投資の効率の良さがわかります。最近は「早期リタイヤ」が人気ですね。「早期リタイヤ」は簡単に言えば、多くの金融資本を用意して投資収益だけで生活していく考え方です。1億円の資産があり、4%の配当利回りを得られれば年間400万円。もちろんこれは単純化して言ってますが、このように投資収益だけで生きていくのが「早期リタイヤ」です。

でも、裏返せば年収400万円を手にしている若者は、これから25年間働くとしたら現時点で資本1億円を持っているのと同じだということです。もし年収を400万円から450万円に上げられれば1億1250万円の価値があるとも言えます。当然働く期間が短ければ人的資本を高めても効果は薄くなります。

しかし、20代や30代は、まだまだ働く期間が長いです。20代や30代の頃は金融資本を増やすことよりも、人的資本を高めることを優先する方がいいというのが僕の持論です。

「金融商品」と「自分」どちらが魅力的な投資先か？

ここでFPらしからぬことを言おうと思います。僕は数千円規模の少額投資について積極的に推奨していません。つみたて投資は市民権を得た言葉ですし、時代的にもおつりやポイントを利用して少額からでも投資できるようになっています。ですが、少額投資やポイント投資はお金を増やすという意味では、それほど大きい効果はありません。

計算をしてみましょう。たとえば20年間、毎月1000円を投資していくとしましょう。利回りは3％とします。元本は24万円です。つみたて投資をしたら、どれくらい増えると思いますか？　20年後の元利合計は32万8302円で、運用益は8万8302円です。当然運用しないよりした方が増えることには違いありませんが、20年かけて増えた金額は約9万円です。

投資の計算式は単純で「元本×利率」です。元本が小さければ投資効率は下がります。1000万円の3％は30万円です。1万円の3％は300円です。投資を始めるという意味では少額投資の役割は大きいのですが、増やすという意味ではそれほど大きな効果を生まないというのが僕の正直な意見です。

ですので、20代や30代、特に20代のうちは自己投資の方が効率は良くなる可能性が高いと思います。極端な話、1000円しか「投資」のお金がないとき、自分に投資するか、金融商品に投資するかの問題です。どこに資本を投下するかはよく考えましょう。**あなたが投資家なら自分と金融商品のどちらが魅力的な投資対象でしょうか？　僕ならその1000円で本を買い、自分に投資します**。

20代や30代のうちから自分を魅力的な投資対象だと思えないのは、少し残念ではありませんか？

まとめ
Summary

目に見えない資産を含めて人生を考えよう

・資本には大きく分けて「人的資本」と「金融資本」の2つがある
・貯蓄が貯まらない＝資本は減っていると覚えておこう
・若い人ほど自己投資の効率は良い

コラム
Column

読書ほどコスパの良いものはない

僕は読書ほどコスパのいいものはないと思っています。読書とは著者との会話であり、感覚的にはプライベートセミナーを受けているような気持ちになります。

しかも、その道の専門家が費やした時間が1冊の本に凝縮されているわけです。僕の場合でいえば読書数だけで300冊以上読んでいます。

またFP業をして7年、それまでの相談経験や講演経験などから得た知識をここに詰め込んでいます。それが1,500円以下で買えるなんて素晴らしいことだと思いませんか？

僕は本気で読書で人生が変わったと思っています。

読書と収入には相関性があり、収入が高い人ほど読書家であることがわかっています。 実際に周りを見てもそう感じますし、僕自身も年間の読書数に比例するように、収入は増えていると感じています。こんなことを書いていると、本が読みたくてウズウズしてきますね。

第4章

【守る力】
あらゆるリスクに備える「最強の保険」とは？

インターネットに「極端な意見」ばかりが目立つのは当然

次は守る力である保険についてお話をしたいと思います。この保険というのは非常にやっかいです。シンプルに考えれば簡単なのですが、保険に関わる人たちの思惑が絡んで、正しく保険と付き合えない人が多いのが現状です。

現代において、情報収集はインターネットが主流でしょう。インターネットは調べたらすぐに答えが見つかる便利なツールです。一方で情報の偏りを生む困ったツールでもあります。それはなぜかというと、インターネットの登場で多くのユーザーは、自分のアタマで考えることを放棄したからです。

ネットに答えがある、という言葉をあなたも聞いたことがあるでしょう。これは自分のアタマで考えることを放棄したことを表しています。そんな人たちに向かって情報発信をする必要があるため、ネット上での情報には簡潔さが求められます。

あなたも、保険が必要かどうかを調べていたときに「保険は病気にならなかったら無駄になるけど、病気になったら必要になるかもしれないし……」なんて情報を見たら、「何が言いたいんだ！」ってなりませんか？　それよりも「保険に入るやつは情弱！」という意見の方がクリックされやすいし、そんな意見の方が端的で伝わりやすいですよね。

インターネットの仕組みは正しい情報より、「よく見られる情報」が注目を集めるようになっているので、インターネットの情報は年々極端な意見が多くなっているのです。

それに加えて、保険を販売している人は保険会社のコンプライアンス上の問題で、インターネットでの情報発信を制限されている状態です。よって、インターネットでは保険不要論が圧倒的多数を占めています。

そんな極端な意見に流されないよう、本書では自分のアタマで考える基準となる保険の考え方をお伝えします。

保険とは「貯蓄がない人」のための商品

まず、保険とはなぜ必要なのかを考えてみましょう。病気になったらお金が受け取れる保険を例に考えてみましょう。病気になって入院することになれば、たくさんのお金が必要になります。この時、あなたの貯蓄が0円だったらお金を払えないですね。

このように人生では、いつ突発的な支出があるかわかりません。そんな時、貯蓄がない人は支払いができず困ってしまいます。その時に備えて毎月いくらかの保険料を支払い、突発的な支出に備えるのが保険の役割です。

では、あなたの貯蓄が1億円あったとしましょう。この場合、貯蓄が0円の人と比較して保険の必要性は変わらないでしょうか？　そんなことはないですね。貯蓄から支払いができるなら保険はいらないからです。つまり**保険とは、貯蓄が少ない人には必要性が高く、貯蓄が多い人ほど必要性が下がっていく**ということになります。

とはいえ、多くの人は貯蓄が1億円もありませんので、現実的に考えていく必要があります。たとえば火災保険とは、家が燃えたら家を建て直すためのお金が受け取れる保険です。もし仮に建て直すのに3000万円のお金が必要になった場合、多くの人は3000万円のお金をポンと支払えないでしょう。よって、火災保険の必要性は高いと考えられます。

次に病気になったときの費用を考えてみましょう。後ほど統計データを使いながら医療費を確認していきますが、ここではざっくり想像しながら考えましょう。病気になって治療費が100万円必要になったとします。この場合、火災保険同様、貯蓄から支払うことが困難かと聞かれれば、支払える人は火災保険より多いと想像できます。

3000万円の貯蓄はなくても、200万円くらい貯蓄している人は少なくないからです。つまり、**突発的な支出の金額が大きいほど保険の必要性は増し、突発的な支出が少ないほど保険ではなく貯蓄で対応できる可能性が増す**ということになります。

保険とは、突発的な支出に備える「手段」です。保険に入る「目的」は、突発的な支出に対して支払えないことを防ぐことです。したがって、その手段は保険ではなく貯蓄でもいいのです。間違えても、保険に入ることが「目的」になってはいけません。

これはとても重要な考え方です。保険で無駄遣いをする人の特徴は、保険に入ることを目的にしていることです。親戚や会社の元同僚が保険会社に勤めていて、彼らから保険に入って欲しいとお願いされて、付き合いで保険に加入している人は少なくありません。この人たちは保険に加入することが目的となっているため、必要以上に保険料を支払っていることが多いです。

「保険で得しよう」という思考法にはムリがある。掛け損が自然

保険の話の際に、「掛け損」という言葉を聞いたことはないでしょうか。これは掛けた保険料が保険金として返ってこないで、損をしたという意味です。消費者は損をしたくないので掛け損を嫌がります。ですが、保険のことをよく理解している人は掛け損という言葉を使いません。なぜなら、保険は仕組み上、掛け損になることが普通だからです。

考えてみましょう。保険のわかりやすさを説明するには17世紀のセントポール寺院の話が最適です。

セントポール寺院の牧師たちはそれほど豊かではありませんでしたので、家族に残せる財産もなく自分の死後について不安を抱いていました。そこで、みんなで助け合いをしようということになり、牧師たちで毎月少しのお金を出し合ってお金を貯めておく。そして仲間に万が一のことがあった場合は、そのお金を残された家族に渡すという仕組みを作りました。現代の死亡保険の仕組みですね。

この仕組みを考えてみてください。仮に100人いたとしましょう。そして1人が亡くなったとします。この場合、損得で言えば1人が得をし、99人が損をします。保険の仕組みは不幸があった人がお金を受け取り、それ以外の人はお金を払うだけです。**目的は残された家族へお金を残すことであり、得することが目的ではありません**。なので、当たり前ですね。そもそも保険を損得だけで考えることに無理があるのです。

保険から「保険会社の経費や利益」が先に抜かれている

さらに現代では保険で得をするのは非常に困難です。先ほどのセントポール寺院のように管理する人たちが無報酬でやっていれば別ですが、現代は保険会社がビジネスとして保険料を預かり、保険金を支払っています。そして、当然保険会社は株式会社なので利益を出して株主に還元する義務を負っています。そのため保険会社は預かった保険料の一部を経費や利益として計上し、残ったお金から保険金を支払う仕組みにしています。

単純に言えば１００人が1万円ずつお金を出したとすると計１００万円です。そのうち保険会社が30万円を取り分として、残りの70万円をみんなで分け合うような仕組みになっています。つまり、保険で得をするのは難しいということです。

知っていても損はないと思うので保険料の決まり方も紹介しておきます。保険料とは、「予定死亡率」「予定事業費率」「予定利率」の３つから成り立っています。

①予定死亡率

過去の統計データから算出した予定死亡率によって、将来の支払いに必要な金額を計算しています。実は2018年に死亡保険の料金が安くなりました。理由は平均寿命が延びたためです。このように統計データによって保険料が決まってきます。

②予定事業費率

予定事業費率とは、保険会社が事業をする上で必要とする経費などの予想金額が保険料に組み込まれている割合です。

③予定利率

予定利率とは、預かった保険料を保険会社が運用して得られる約束の利率です。

保険料の簡易的な計算式は、「予定死亡率」＋「予定事業費率」－「予定利率」です。合理的な保険料の決まり方をしていますし、これを見ると加入者が得する仕組みになっていないことがわかります。これを理解できれば、保険に対して掛け損というのは、少しナンセンスだということが理解していただけるのではないでしょうか。

保険は貯蓄がないなら「使わざるを得ない」

ここまでの話をまとめましょう。保険は仕組み上、どうしても掛け損になってしまう確率が高いことがわかりました。しかし、だから保険は不要というわけではありません（インターネット上では、この意見が多くてびっくりします）。

貯蓄がない人は突発的な支出への備えがないので、保険が必要ということになります。つまり、**貯蓄がない期間は保険に頼る必要があり、貯蓄ができてきたら自分保険に切り替えるのが理想的**と僕は考えています。

しかし、保険の種類によって自分保険では対応が難しいものがあります。それは1000万円以上の支出が考えられる出来事に備える保険です。たとえば、自動車保険や火災保険、死亡保険などです。最近だと自転車保険もそうですね。神戸市で当時小学5年生の男の子が自転車で67歳の女性と衝突した事故がありました。その女性は事故が原因で意識が戻らない状態が続いているそうです。その事故に対する損害賠償金は、約9500

万円でした。そこから多くの自転車保険の保険金の上限が1億円と設定されています。このように多額の費用の発生が考えられる出来事への賠償金を、自分保険で払うことは非現実的ですので、このあたりは保険が必須と言えます。

医療費の3割負担は間違い？健康保険制度はかなり手厚い

では、どの分野だと「自分保険」への切り替えが検討できるのでしょうか。僕は医療保険やがん保険などと考えています。まず日本は国民皆保険制度を導入しており、毎月の給料から多額の健康保険料を支払っていることを忘れてはいけません。民間の医療保険が必要かどうかを判断するためには、健康保険がどのような制度なのかを理解する必要があります。

健康保険の認識として多くの人が理解しているのは3割負担ということですね。病院の窓口で支払うのは実際にかかった医療費の3割になるということです。

では、質問です。もしあなたが大きな病気をして入院したとしましょう。そして、かかった医療費が100万円でした。窓口で負担するのは100万円の3割である30万円ですが、本当にあなたが負担するべき費用は30万円でしょうか?

実は、違います。正解は8万7430円です（一般的な所得の場合）。なぜなら、健康保険制度の高額療養費制度を利用できるからです。

高額療養費制度は「医療費負担が大きいとき」の支え

高額療養費制度とは、負担する医療費が高額になる場合、一定金額を超えた部分は負担が軽減される制度です。所得によって異なりますが、一般的な所得の場合、次の計算式で自己負担額を計算することができます。

「8万100円＋（総医療費－26万7000円）×1％」

医療費が100万円だった場合に当てはめて計算をすると「8万100円＋（100万円－26万7000円）×1％」となり、その結果、自己負担額は8万7430円となりま

図4　高額療養費制度の区分表

〈69歳以下の方の上限額〉

適用区分		ひと月の上限額（世帯ごと）
ア	年収約1,160万円～ 健保：標報83万円以上 国保：旧ただし書き所得901万円超	252,600円+（医療費−842,000）×1％
イ	年収約770～1,160万円 健保：標報53万円～79万円 国保：旧ただし書き所得600万超901万円以下	167,400円+（医療費−558,000）×1％
ウ	年収約370～770万円 健保：標報28万円～50万円 国保：旧ただし書き所得210万超600万円以下	80,100円+（医療費−267,000）×1％
エ	～年収約370万円 健保：標報26万円以下 国保：旧ただし書き所得210万円以下	57,600円
オ	住民税非課税者	35,400円

出典：https://www.mhlw.go.jp/content/000333279.pdf

す。所得による区分表は表のとおりです（図４参照）。

正確には標準報酬月額によって区分が決まりますが、厚生労働省作成の表ではわかりやすく目安の年収が書かれているので、それを参考にするといいですね。年収がそれほど高くない場合、たとえば区分エに該当するとさらに負担は軽減され、どれだけ医療費がかかっても５万７６００円が上限ということがわかります。

このように健康保険制度は高額な医療費負担が発生した場合、手厚くカバーしてくれる制度が用意されています。これを理解している人と理解せずに高額な医療費に備えて保険に入ろうと思う人とでは保険に対する考え方が変わりますね。

ただし、この高額療養費制度で注意が必要なことがあります。それは計算に含むのは健康保険対象の費用のみ、ということです。

入院時には「健康保険対象外の費用」がかかる

入院した場合、健康保険対象の治療費とは別に様々な費用が発生します。たとえば食事代です。入院時の食事代は全国一律で決まっており、1食460円です。1日当たり1380円の自己負担となります。他にも差額ベッド代が発生する場合があります。これは部屋代と考えるといいでしょう。大部屋の場合は基本的に発生しませんが、1人室や4人室などを希望した場合、差額ベッド代が徴収されます。これは、国民全員から徴収する健康保険の対象になりません。したがって、全額自己負担となります。

厚生労働省の中央社会保険医療協議会による「主な選定療養に係る報告状況」という資料によると、平成29年の1人室の差額ベッド代の平均は7837円、4人部屋の平均は2440円でした。全体の平均は6188円となっています（図5参照）。

差額ベッド代が発生する場合は、入院日数分この金額がかかるということになります。

図5　差額ベッド代は全額自己負担となる

金額階級別病床数（平成29年7月1日現在）　　（単位：床）

	1人室	2人室	3人室	4人室	合計
～1,080円	6,603	8,716	1,212	10,701	27,232
～2,160円	13,373	12,730	1,282	12,317	39,702
～3,240円	21,977	9,730	991	7,061	39,759
～4,360円	16,993	4,081	549	1,937	23,560
～5,400円	28,125	3,963	305	3,021	35,414
～8,640円	39,522	3,165	373	2,673	45,733
～10,800円	18,952	1,286	121	60	20,419
～16,200円	19,681	893	10	13	20,597
～32,400円	11,593	50	0	3	11,646
～54,000円	1,772	4	0	0	1,776
～108,000円	291	0	0	0	291
108,001円～	36	0	0	0	36
合計病床数	178,918床	44,618床	4,843床	37,786床	266,165床
1日当たり平均徴収額（推計）	7,837円	3,119円	2,798円	2,440円	6,188円
参考　最低　50円 最高　378,000円					

出典：https://www.mhlw.go.jp/content/12404000/000400350.pdf

差額ベッド代は希望したときだけ必要という「決まり」と入院時の「現実」

この差額ベッド代ですが、厚生労働省の通達によれば、患者の同意がなければ差額ベッド代を徴収してはならないとなっています。つまり患者側の都合で個室等を選んだ場合、差額ベッド代は発生しますが、病院都合の場合、患者の同意がなければ差額ベッド代は徴収できないようになっています。

ですが、病院側から大部屋がいっぱいなので個室に入ってくださいと言われ、入院した際の各種書類の中に差額ベッド代についての同意書が含まれており、その書類にサインしたため、差額ベッド代を負担している人も少なくありません。

少し前にＴｗｉｔｔｅｒでこれを知って、病院側に伝えたら差額ベッド代の負担がなくなり、医療費負担が抑えられて助かったというつぶやきがバズっていました。このように、病院都合による差額ベッド代負担を断ることができるのも事実ですが、トラブルになるケースや居心地が悪くなったという話も聞いたことがあります。

僕の考え方としては知識として知っておき、負担する心づもりをしておきながら、**病院側に伝えて負担がなくなればラッキーくらいの意識の方がいい**と思います。

統計データから考える治療費の目安。続く「短期入院」のトレンド

高額療養費制度のおかげで健康保険対象の費用負担は抑えられますが、その一方で自己負担の金額がある程度必要ということがわかりました。

では、入院した人たちは実際にどれくらいの医療費負担をしているのでしょうか。これについては統計データがあるのでそれを確認してみましょう。生命保険文化センターは3年に1度「生活保障に関する調査」を公表しています。インターネット上でPDFファイルを見ることができるので、興味がある方はぜひご自身でも確認してください（巻末に参考文献の一覧があります）。ここには入院時のデータがたくさんあります。まずは、入院時の自己負担金額を見てみましょう（図6、図7）。

高額療養費制度を利用した人も、利用しなかった人も含めて平均額は20・8万円となっています。この自己負担費用には治療費、食事代、差額ベッド代のみならず見舞いに来る家族の交通費なども含んでいるので、入院したことによる費用全体と見ていいでしょう。当然入院日数が短い人ほど費用負担が少なく、長い人ほど費用負担が大きい結果となっています。

図6　入院時の自己負担費用の平均は20.8万円

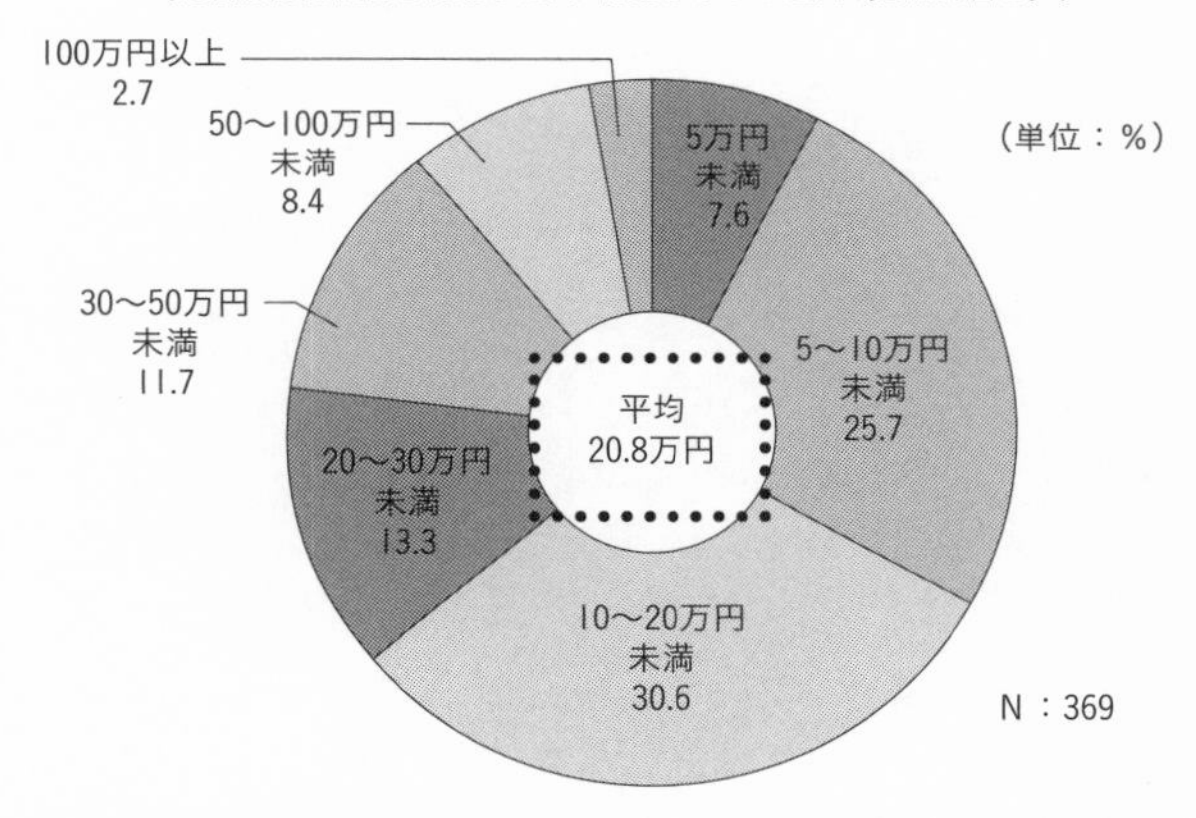

※治療費・食事代・差額ベッド代に加え、交通費(見舞いに来る家族の交通費も含む）や衣類、日用品などを含む。高額療養費制度を利用した場合は利用後の金額

図7　長期入院でも60.9万円

直近の入院時の自己負担費用（直近の入院時の入院日数別）

集計ベース：過去５年間に入院し、自己負担費用を支払った人
（高額療養費制度を利用した人+利用しなかった人（適用外含む））

（単位：％）

	N	5万円未満	5～10万円未満	10～20万円未満	20～30万円未満	30～50万円未満	50～100万円未満	100万円以上	平均（万円）
全体	369	7.6	25.7	30.6	13.3	11.7	8.4	2.7	20.8
5日未満	76	14.5	38.2	34.2	11.8	0.0	1.3	0.0	10.1
5～7日	95	10.5	37.9	26.3	12.6	7.4	3.2	2.1	15.6
8～14日	104	4.8	22.1	37.5	13.5	11.5	7.7	2.9	21.0
15～30日	62	1.6	9.7	30.6	19.4	25.8	8.1	4.8	28.5
31～60日	20	5.0	5.0	20.0	10.0	25.0	35.0	0.0	34.6
61日以上	11	0.0	0.0	0.0	0.0	27.3	63.6	9.1	60.9

※治療費・食事代・差額ベッド代に加え、交通費(見舞いに来る家族の交通費も含む）や衣類、日用品などを含む。高額療養費制度を利用した場合は利用後の金額

近年は短期入院化が進んでおり、同調査でも平均在院日数は15・7日と短いことがわかります。高齢になるほど長期入院の傾向はありますが、それでも30日以内の入院が多数を占めています（図8参照）。

この短期入院化のトレンドは、次ページ下図の厚生労働省の統計データ『平成29年（2017）患者調査』でも見られます。昭和59年の病院の平均在院日数は45・5日だったのに対し、平成29年の病院の平均在院日数は30・6日とかなり短くなっています（図9参照）。

このように入院に対する費用というのは統計データによると、貯蓄で対応できなくはない範囲の支出ということがわかると思います。

図8　平均在院日数は15.7日と短い

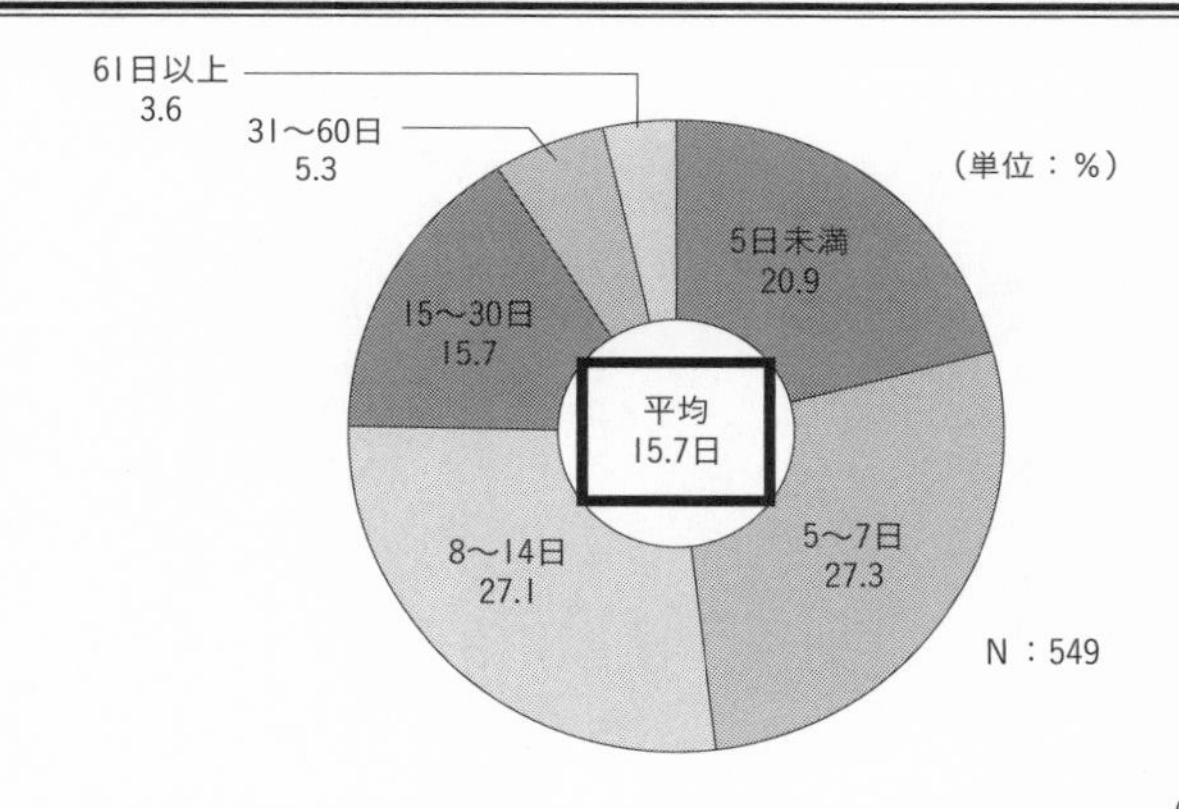

（単位：％）

	N	5日未満	5〜7日	8〜14日	15〜30日	31〜60日	61日以上	平均(日)
全体	549	20.9	27.3	27.1	15.7	5.3	3.6	15.7
20歳代	32	25.0	34.4	21.9	12.5	0.0	6.3	14.4
30歳代	67	25.4	31.3	25.4	10.4	4.5	3.0	13.5
40歳代	112	25.0	32.1	24.1	12.5	4.5	1.8	12.3
50歳代	132	18.9	30.3	28.0	13.6	6.1	3.0	15.2
60歳代	198	18.7	19.7	29.3	20.7	6.6	5.1	19.0

図9　厚生労働省の資料でも入院日数は短くなっている

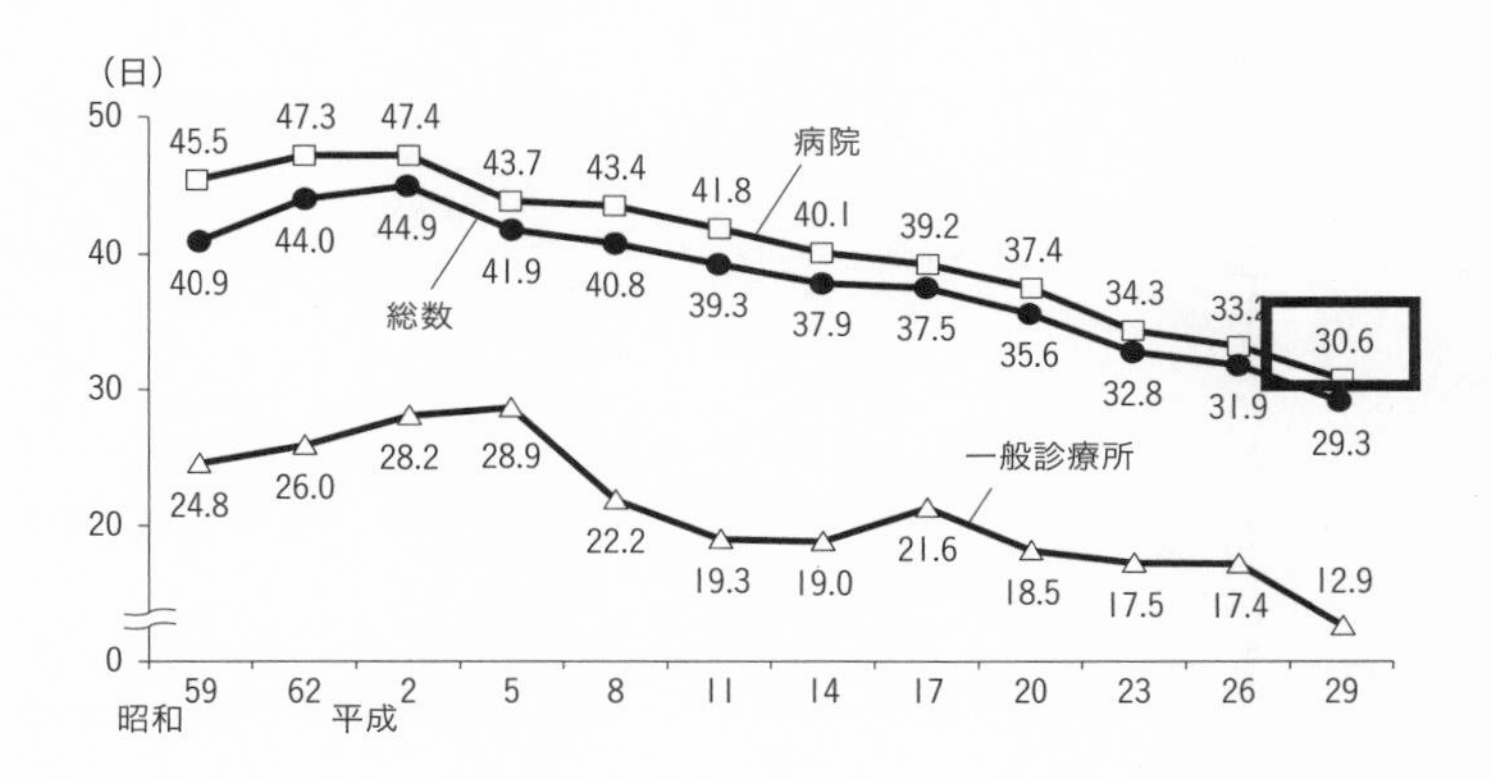

医療保険は「かかった費用」とほぼイコールの給付しか期待できない

医療保険の面白いところはよく考えられて作られているということです。最近の医療保険は終身医療保険といって、身が終わるまで、つまり一生涯の保障を用意しますというタイプが主流になっています。医療保険というのは入院と手術の費用の給付をするタイプが多く、入院日額5000円がもっとも人気があります。

では、この入院日額5000円、手術の給付10万円の医療保険に加入していたとして、平均入院日数である16日間（15・7日を切り上げ）入院した場合、どれくらいの保険金を受け取れるのでしょうか。

まず入院日額5000円が入院日数分を受け取れるので5000円×16日で8万円。さらに手術をしたとするなら10万円の給付があるので合計18万円です。平均自己負担金額は20・8万円でしたので、遠くない金額です。つまり、**医療保険に加入していればかかる医療費のほとんどを保険からカバーできるように設計されている**のですね。よくできているなと感心します。

「がんの治療費」はイメージより負担費用が少ない？

では、次はがん治療に関するデータを見ていきましょう。データを見る前に、まずは自分のアタマで考えてみましょう。がんの治療費はどれくらい必要だと思いますか？

考えましたか？　がんの治療の実際の負担額はアフラックのアンケート調査で知ることができます。69ページのとおり、2011年と少し古いデータにはなりますが、がん経験者593人にがん治療全般に関わる費用（入院、食事、交通費等を含む）は総額どれくらいだったかを聞いているデータがあります（図10参照）。

そのデータでは、50万円程度と答えた人が36・3％、100万円程度と答えた人が29・5％、200万円程度と答えた人が20・2％、300万円程度と答えた人が6・9％、300万円より多いと答えた人は5・2％でした。驚くことに**100万円程度と50万円程度と答えた人の合計割合は65・8％、200万円程度と答えた人も含めると86％となります**。思ったより費用負担が少ないと思いませんでしたか？

実際に同アンケートではがん経験のない人にどれくらい必要と思うか?、と聞いたところ、おおよそ2人に1人が300万円、もしくは300万円以上必要と答えました。

このアンケートから、がんの治療費が300万円はかかると思っている人が多いことがわかりますね。

がん保険を見ても「保険で得しにくい」とわかる

アフラックのアンケート調査を見ると、必要な費用は100万円前後というのが1つの目安になってます。

これまた面白いのは民間のがん保険は「がんと診断されたら一時金を払いますよ」という診断給付金タイプが主流です。そして、この額を100万円としている保険会社が多いのです。もしくは診断給付金50万円と通院給付金を払うタイプだったりして、治療費負担が発生したときの平均的な費用の多くを保険でカバーできるように設定されているのです。

図10　がん治療の費用はイメージほど高くない

Q （がん経験のある人に質問）がん治療全般に関わる費用（入院、食事、交通費等を含む）は総額いくらぐらいでしたか？

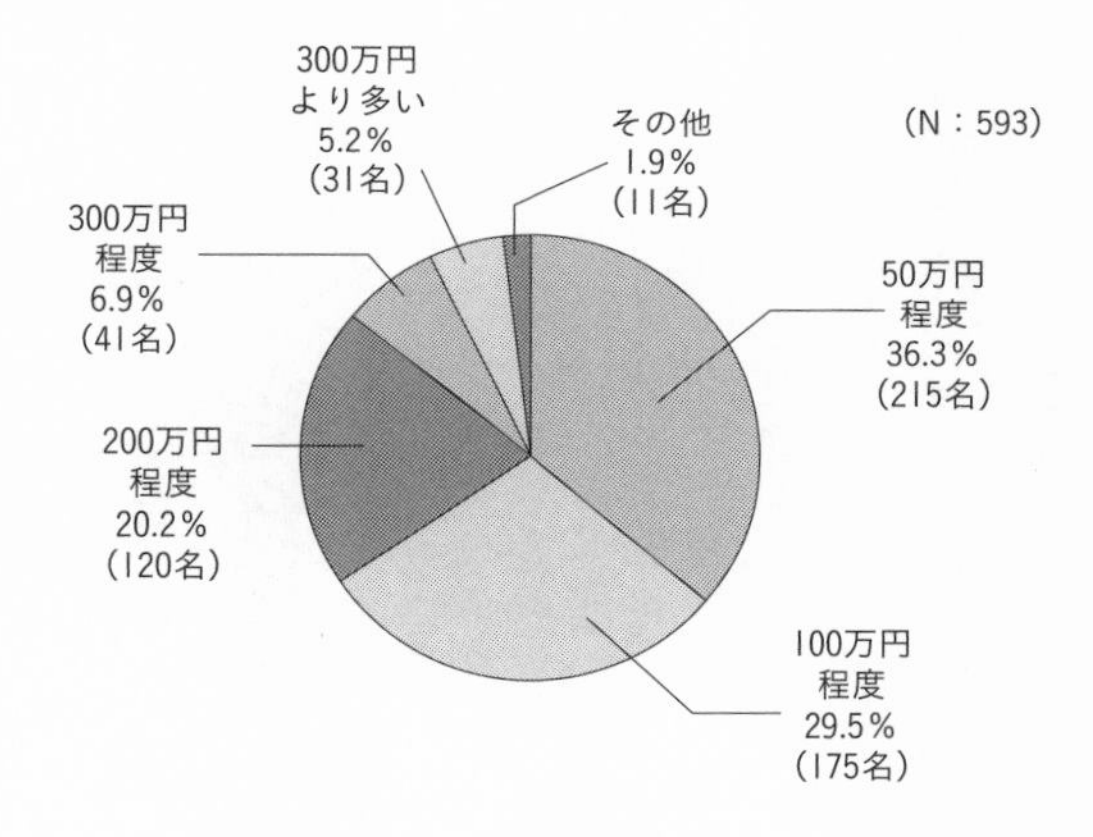

Q （がん経験のない人に質問）がん治療全般に関わる費用（入院、食事、交通費等を含む）はどの程度だと思いますか？

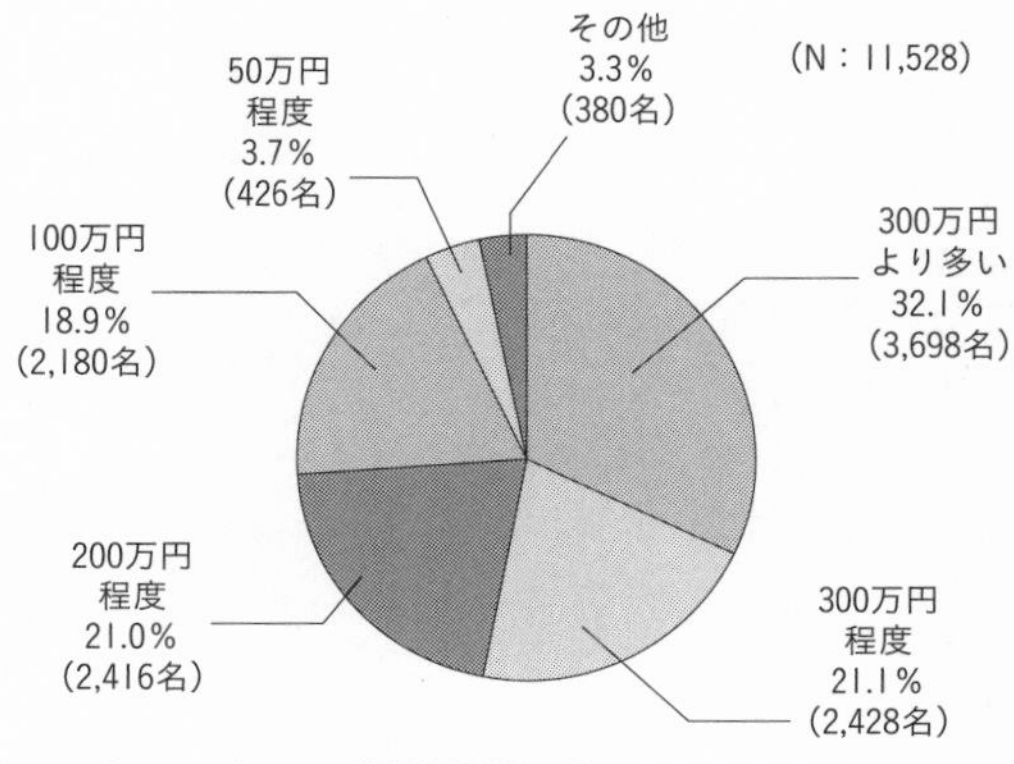

出典：https://www.aflac.co.jp/news_pdf/20110426.pdf

こうやって見ていくと保険で得は生まれにくく、突発的な支出に備える目的で保険は存在していることがわかってくるのではないでしょうか。

結論…貯蓄がないときは保険に頼り、貯蓄ができたら「自分保険」に切り替える

先に言っておくと僕は保険不要論者でもありませんし、保険が絶対必要と言うつもりもありません。なぜかと言うと必要な人は買えばいいし、保険がなくても問題ない人は使わなくてもいいという考え方だからです。インターネットで一番嫌われる意見ですね。

でも、世の中の多くはそうやって自分のアタマで考えることばかりですし、偏った意見を好むインターネットの流れに迎合するつもりもありません。僕のアタマで考えて出した結論は、**「貯蓄がないときは保険に頼り、貯蓄ができたら自分保険に切り替えるのが理想」**です。

今まで見てきたとおり、保険に加入していれば保険によって突発的な支出への備えをす

ることができます。これは非常に合理的です。貯蓄で対応した場合、思ったよりも医療費負担が多くなってしまう可能性がありますから、その点保険に入っておけば安心も得られるでしょう。

では、なぜ僕はそれでも自分保険に切り替えることが理想と考えるのか。それは、保険とは「一部の目に見えるリスク対策」を商品化したものにすぎず、全てのリスクに保険で備えられないからです。少し難しいですね。具体的に考えていきましょう。

まず、医療保険やがん保険に加入する人の多くは、老後の医療費負担が大きくなるだろうから保険で備えておこうと考えています。これは間違っていません。ですが、老後のリスクは医療費負担だけなのでしょうか。そんなことはありません。介護が必要になるリスクだってあります。健康で長生きして、生活費がたくさん必要になるリスクもあります。

このようにリスクはいくつもあるわけですね。保険に入るというのは、その1つのリスクに保険という商品で備える選択をするということなのです。

介護保険加入者が少ないのはなぜ？全てのリスクに備えることは不可能

僕は貯蓄対応を勧めているので、「保険加入しておく方がいい派」の方から、貯蓄だけでは不足するかもしれないじゃないか！　というご意見をいただきます。ごもっともですが、なんでもかんでも保険で備えるのは不可能です。

加えて、もっと言えば「保険加入しておく方がいい派」の人たちも無意識に取捨選択をしていることを忘れています。たとえば介護の費用です。図の厚生労働省の「平成29年度介護保険事業状況報告」によれば、平成30年3月末時点の65歳以上の第1号被保険者数は3488万人となっています。それに対して要介護（要支援）認定者数は641万人となっています。約18%ですから6人に1人の割合で介護サービスを受けていることになります（図11参照）。

実際に、僕の父方の祖母も母方の祖父母も最後は介護施設に入っていました。妻の祖父母も介護サービスを受けています。病気にならず長生きした場合、介護が必要になる確率

図11　６人に１人が介護サービスを受けているのに……

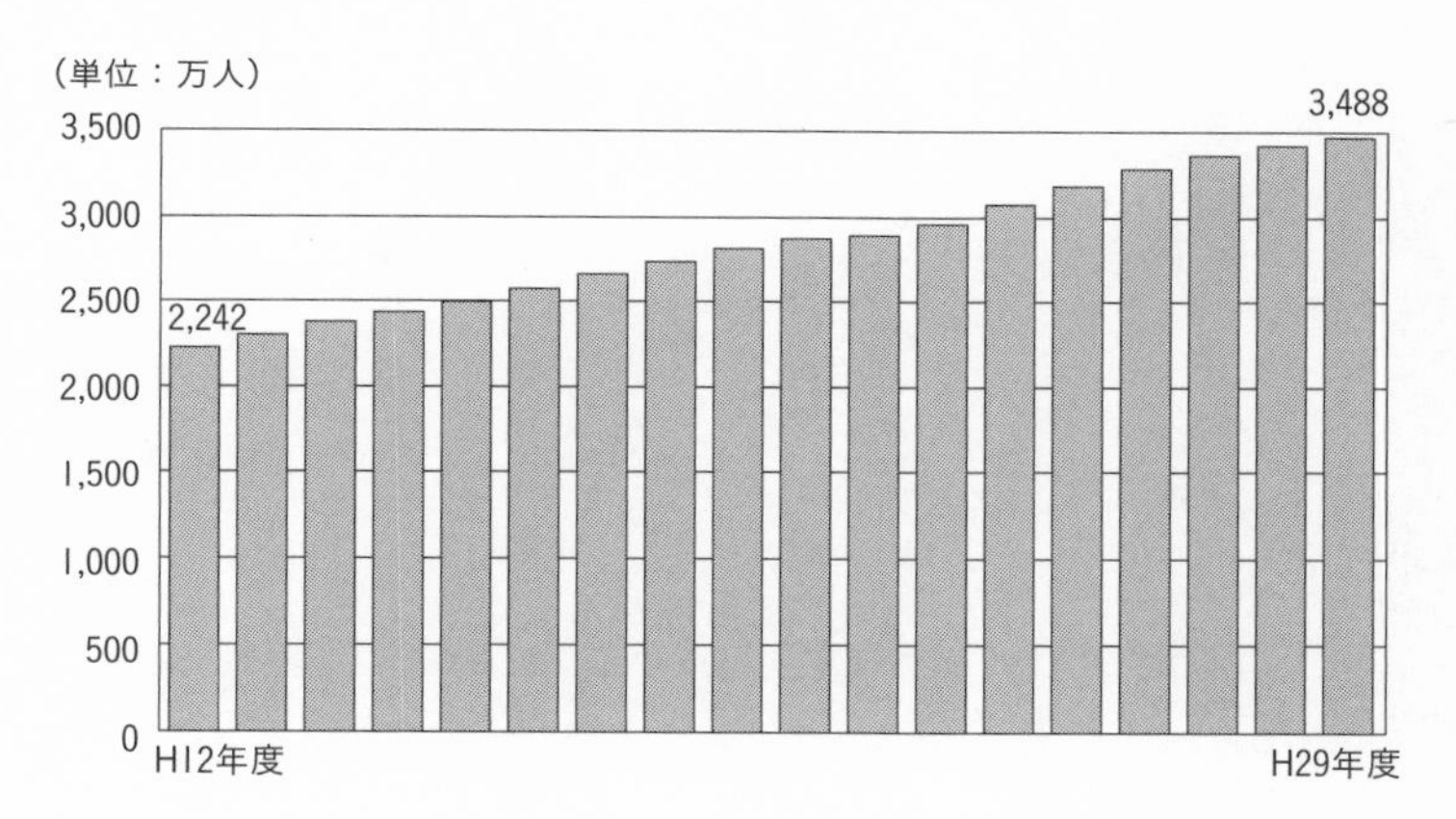

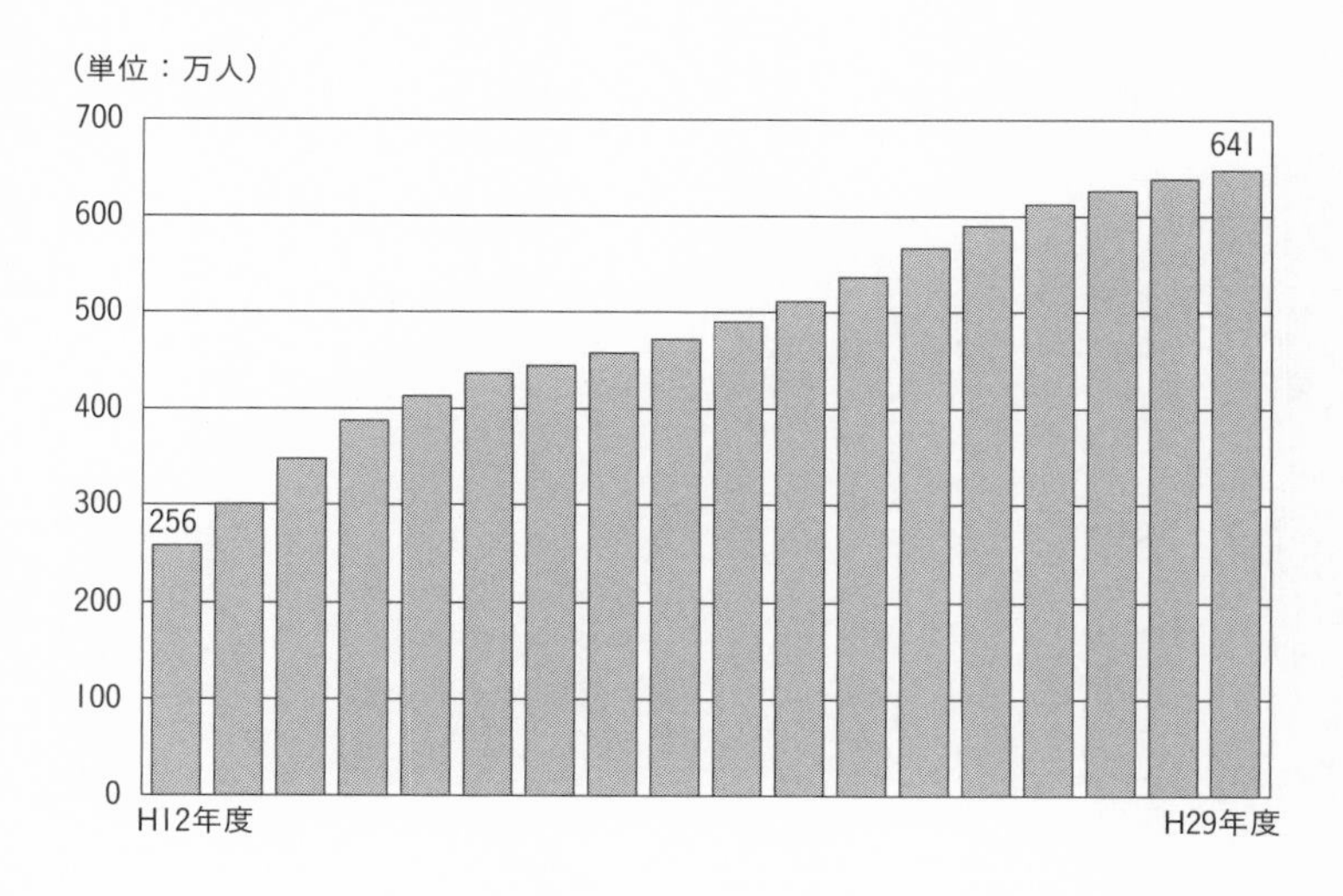

が高いことが統計データからわかります。

病気で多くの費用が発生するのと同様、あるいはそれ以上に介護でも費用がかかります。生命保険文化センターの「生命保険に関する全国実態調査　平成30年度」によれば介護を経験した人に費用と期間を聞いたところ、一時的な費用の平均は69万円、毎月の負担は平均7・8万円となっています。

また平均的な介護期間は54・5ヶ月でした。毎月の平均負担額と平均介護期間を掛けると約425万円となります。単純計算ではありますが、医療費負担と比較すると圧倒的に高額となります。これほど高負担になる確率が高いのであれば保険の必要性も高いと言えるのではないでしょうか。

しかし、生命保険文化センターの「令和元年度『生活保障に関する調査』」によれば介護保険の加入率は12・3%と低くなっています。ちなみに同調査の疾病入院給付金が支払われる生命保険に加入している割合は73・1%です。

僕の肌感覚としても介護保険に加入している人は非常に少ないです。保険に入っていいないと不安と言う方が、介護保険に入っていないことは珍しくありません。

でも、これって言っていることと行動が矛盾していますよね。つまり、保険が必要と言いながら介護保険などといった保険に入っていないのは、無意識のうちに必要な保険、不必要な保険を分けていることになります。その理由はシンプルで、**毎月のお給料から全てのリスクに備えて保険に入ったのではお金が足りなくなる**からです。

「目に見えるリスク」を全てカバーすることはできない

僕が貯蓄で対応する方がいいと思っているのには、2つの理由があります。1つは、貯蓄は多くのリスクに備えることができるから。もう1つは、保険商品は「目に見えるリスク対策」しかできないからです。

まず貯蓄はあらゆるリスクに備えることができます。200万円を老後の医療費負担に備えて残しておくとしましょう。もし、健康で長生きしたら生活費に使うことができますね。同じように病気にはならなかったけれども、介護になってしまった場合もその２００万円は介護費用に充てることができます。

このように**現金には流動性があるため、目的を定めることなくその時の必要に応じて利用することができます。保険では、これが難しいというのが欠点**です。

次に保険商品は、「目に見えるリスク対策」にしかならないという点です。がん保険の歴史を見れば、この意味がわかります。かつて、がんは長期入院して治療をする病気でした。過去に販売されたがん保険は、「入院したら1日1万５０００円給付する」といった入院治療に重きを置く保険が主流でした。

今のがん治療はどうかというと、通院治療がメインとなっています。実際に、厚生労働省「平成29年（２０１７）患者調査」によれば、がんで入院した患者の平均入院日数は17・1日となっています。平成8年の同調査ではがんで入院した患者の平均入院日数は35・8日ですので、いかに短期入院化しているかがわかります。この短期入院のトレンドに合わせて、がん保険はがんと診断されたら一時金を支払うタイプに変化していったのです。

すると、以前の日額1万5000円を受け取れるがん保険に加入していた人たちは、どうなるのでしょうか。退院の早い人だと10日も入院しません。すると日額1万5000円だけ受け取るがん保険だと、たった15万円にしかなりません。その後の通院治療の費用は保険からカバーすることができないわけです。

これは本当の話で、50代くらいの方は、この入院保障重視タイプのがん保険に加入して20代くらいからがんに備えていました。しかし、いざがんになる確率が高い年齢になったら、あまり使い物にならないがん保険になってしまった。なので、多くの方が別のがん保険に加入し直していました。

ここから学習できることは、保険は時代の変化に弱いということです。これは当たり前の話で保険会社は売れる商品を作らないといけません。つまり、今のニーズに合わせて保険設計をします。ですが、社会のニーズは変化します。

1つ例を挙げましょう。「医療介護の一体改革」という言葉を聞いたことはないでしょうか。

「今の医療提供体制は古く、時代にそぐわないので変化させていこう。今後は医療と介護の垣根をなくし、QOL（Quality Of Life）の改善向上に繋がる医療システムを作ろうよ」と変化を唱えるときのスローガンです。

このように現在、医療も介護も大幅な変革が行われようとしています。それに対して、保険は買った時が完成形です。今の若者が今の保険商品で将来に備えようとしても、将来の医療体制にそぐわない商品になっているかもしれません。保険は変化に弱いのです。したがって保険の特性上、50年後の医療費負担に備えるというのは難しいのです。

病気だって同じです。100年前には治せなかった病気が今は治せるようになり、100年前には考えられなかった病気が新たに生まれる。世界は常に変化しており、**僕たちを脅かすのはいつだって想像もしていなかった「目に見えないリスク」**です。保険とは今（もしくはここ数年）、目に見えるリスクで突発的な支出に迫られると困るという場合に、使い勝手のよい商品なのですね。

なぜ、保険には「魅力的な商品が少ない」のか？

では、なぜこのような「融通の利かない保険商品」が多いのでしょうか？　理由の1つとして消費者が望んでいるからというのが僕の意見です。消費者は短絡的な視点を持つ傾向があります。保険は基本、掛け損になるものだとお話ししました。しかし、多くの消費者はそれを理解しておらず、払った料金への対価を受け取りたいと願います。わかりやすい例があるので、この質問に対して直感的に答えてください。次の2つの保険のうち、どちらが魅力的ですか？

① 1日目の入院から保障される医療保険
② 7日目の入院から保障される医療保険

どちらを選びましたか？　おそらく1番ではないでしょうか。受け取れる確率が高いのは1番です。ですが、保険会社は支払う保険金から逆算して、保険料を決めていることを忘れてはいけません。たくさん受け取れるということは、たくさんお金を払わないといけないということです。

また、よく考えると2番の方が合理的です。なぜなら2番の保険に加入していたのに保険金をもらえなかった場合は、6日以内に退院できたということです。つまり、それほど医療費負担は発生していないことが想像できます。

覚えていますか？　保険とは、突発的な支出が少ないほど必要性は減り、突発的な支出が多いほど必要性が増すのです。

ですが、消費者は少ない支出に対しても、保険金が出る保険を好みます。つまり、「短期入院に対する保障」を求めます。そんな保険が売れるから、保険会社もそんな商品を作るのです。これが、僕が医療保険に魅力を感じない理由です。

「医療保険は必要ない」とは言いません。たとえば、「長期入院に対する保障」は重要だと思っています。平均的な入院日数であれば大きな費用は発生しないので、貯蓄で対応できると考えられます。ですが、仮に365日入院が続くような状態になってしまえば、医療費負担の心配が出てきます。

このように短期の入院より長期の入院の方が、経済的ダメージは大きいのです。でも、近年の保険は長期の入院に対して、それほど強くありません。たとえば、近年の保険は60日型が主流となっています。これは「連続して入院した場合、60日までは入院給付金を払いますが、61日目からは払いませんよ」ということです。

また180日ルールといって、1度目の入院から180日以内に同じ病気が原因（もしくは起因とする病気）で再入院した場合、2度目の入院ではなく1度目の入院としてカウントするよ、というルールがあります（保険会社の中には全く違う病気でも180日ルールを適用する商品もあるので注意してください）。

最近の医療保険は特定の病気になった場合、無期限で入院給付金を払う特約（オプションだと思ってください）が付いていることもありますが、どんな場合でも長期の入院に備えるという意味では少し不安な部分があります。

僕が思う理想の医療保険は、「60日までは入院してもお金は受け取れない、でも61日目からはいつまでも入院給付金が受け取れる保険」です。かつて「楽天ロング」という「61

日目から1095日までの入院に対してお金を払う」というユニークな商品がありました。でも、販売停止となりました。売れなかったのでしょうね。

61日目から給付を受け取れる保険は数少ないですが、今も一部販売されています。そんな保険こそが医療保険として役立つのだと僕は考えています。

自分保険への切り替えは「200万円の貯蓄」が目安

今まで説明してきたように保険とは、長期の変化に弱いため、最終的には自分保険に切り替えをすることが好ましいと僕は考えています。では、どれほど貯蓄があれば、自分保険に切り替えるのが良いのでしょうか?

僕は200万円が1つの目安と考えています。がんの治療費の1つの目安が100万円とお伝えしました。ですが、100万円の貯蓄だけでは不安もあるので、治療が長引いて費用が少し多くかかっても対応できるように、200万円程度の貯蓄を用意できれば自分保険へ切り替えできるのではないかと思います。また、200万円あればがん以外の入院費用にも対応できると考えられます。

では、自分保険に切り替えるまではどうすればいいのでしょうか？

答えはシンプルです。掛け捨ての安い保険に加入しましょう。若いうちは共済でいいのではないでしょうか。共済とは一生涯の保険などはなく、保障もシンプルで掛け金も安いので自分保険に切り替えるまでのつなぎとしては最適です。たとえば次ページの上図（図12参照）の都民共済の商品を見てみると、月1000円で死亡保障200万円、病気入院で1日当たり2250円の保障が用意されています。自分のお給料で誰かを養っていない独身の間は、死亡保険は多くいりませんが、自分のお葬式代などの死後整理金が必要となります。そのために200万円ほどの死亡保障があれば十分でしょう。

がんの治療費が心配な人には、図12の下図のとおり、がんに対する保障を特約で付けることが可能です。これも月1000円で診断給付金50万円と通院保障に手術給付金まであるので十分だと思います。

図12 「共済」はかなりコスパよし

月掛金1,000円

保障期間			18歳～65歳
入院	事故	1日目から184日目まで	1日当たり2,500円
	病気	1日目から124日目まで	1日当たり2,250円
通院	事故	14日以上90日まで	通院当初から1日当たり750円
後遺障害	交通事故		1級330万円～13級13.2万円
	不慮の事故(交通事故をのぞく)		1級200万円～13級8万円
死亡・重度障害	交通事故		500万円
	不慮の事故(交通事故をのぞく)		400万円
	病気		200万円

月掛金1,000円

保障期間		18歳～60歳	60歳～65歳
がん診断		50万円	25万円
入院	がん 1日目から無制限 (支払い日数限度なし)	1日当たり5,000円	1日当たり2,500円
通院	がん 1日目から60日目まで	1日当たり2,500円	1日当たり1,500円
がん手術 (当組合の定める手術)		5万円・10万円・20万円	2.5万円・5万円・10万円
がん先進医療 (当組合の基準による)		1万円～150万円	1万円～100万円

出典：『都民共済・総合保障型』『都民共済・新がん1型特約』

月２０００円で入院と死亡とがんに備えられますし、共済は営利団体ではないので割戻金があります。割戻金とは、「みんなから保険料をもらって、そこから保険金を支払ったけれどもお金が余ったから返すよ」というお金です。

営利団体の保険会社は会社の利益にするのですが、共済は割戻金としてお返しする仕組みになっています。都民共済では、２０１９年度の割戻率が払込掛金の37・31％となっているので、毎月の保険料が２０００円だと７４７円返ってきます。実質負担は１３００円くらいになっていたということですね。

会社員は入院に関して「収入減少の心配」すらいらない

また会社員の場合、入院による収入減少の心配もそれほどする必要はありません。業務外の事由による病気やけがの療養のための休業が３日以上連続する場合、健康保険から最大１年６ヶ月間傷病手当金を受け取ることができます。金額は月給を１日換算した金額の約2／3程度です。

※正しくは、［支給開始日以前の継続した12ヶ月間の隔月の標準報酬月額を平均した額］÷30日×2／3。

また業務上のけが等については3日以上連続して休む場合、労災保険から休業補償を受けることができ、月給の80％程度が支給されます。

このように会社員は休業に対する補償がしっかりしているため、病気の際、収入減少の心配はそれほど必要がありません。

たまに収入減少を心配して医療保険に過剰に加入している人がいますが、それは自営業者の考え方です。自営業者は国民健康保険という会社員とは異なる健康保険に加入しています。この国民健康保険には傷病手当金がありません。また自営業者は労災保険にも加入していないため、仕事を休むと収入がダイレクトに減少します。

このような自営業者が入院による収入減少に備えて医療保険に多く加入するのは合理的な考え方ですが、会社員の方はそんな心配は不要です。こう考えると会社員の方は手厚い保障に守られていますね。ここ数年、フリーランス賛美が流行っていますが、会社員には手厚い保障があるということを覚えておいてください。

「健康保険が改悪される場合の備え」として医療保険に入るのは正しい？

あまり知られていませんが、健康保険の財政は残念ながら年金財政より危惧されています。財政悪化が続けば保険料を増やすか保障を減らすかのどちらかの可能性があります。その点を心配して民間の医療保険に加入する方もおられます。

僕も健康保険が50年後もこのままの状態だとは思っていませんが、それでも僕は老後の医療費は医療保険ではなく貯蓄対応しようと考えています。理由はシンプルで**今販売されている医療保険は、現状の健康保険制度を元に作られている**からです。今まで見てきたとおり、医療保険から負担額相当を受け取れるようになっていました。これは現行の健康保険制度を前提に作っている何よりの証拠です。

つまり、健康保険が改悪され実費負担が増すことへの備えとして医療保険に加入するなら、一般的な水準よりも過剰な保障を用意しなければいけません。数字を使って説明しましょう。

現状の医療保険に普通に加入すると、現状の健康保険が維持された場合、仮に医療費負担が30万円だったとすると、医療保険から30万円程度受け取れるような仕組みです。ところが健康保険が改悪された場合、医療費負担が増額になりますから30万円が50万円とかになるということです。

ですが、医療保険から受け取れるのは30万円程度と変化はありません。これであれば自分保険から現金で支払うのと大差ありません。もし、健康保険改悪に伴い医療保険から受け取れる保険金が増すなら、健康保険改悪の備えとして医療保険に加入するのはありです。

でも健康保険改悪の備えとして医療保険に加入しても、貯蓄から払う費用を保険から受け取るのに切り替えただけの話に過ぎません。「健康保険制度改悪への備えとして医療保険に加入する」はロジックとして成立しない、ということです。

また将来は不確実です。明日の予想は難しくなくても、10年後、50年後の未来を予想するのは困難です。今から未来になればなるほど「どうなるかわからない」確率が増します。これを不確実性と呼びます。つまり今の医療保険を50年後も使えるかどうかは不確実です。がん保険でお話ししたケースがまた起きる可能性があるということですね。

将来の医療費負担は誰しもが不安に思うでしょう。僕だってそうです。それを医療保険に加入するだけで解決できるなら最高ですが、残念ながらそうはいきません。そう考えると消去法的に「貯蓄で対応していくことが一番マシ」という結果になります。

当然、貯蓄がなくなる不安もあるでしょうし、医療保険には持病がある方は加入できないようになっている（もしくは持病がある方用の高額な医療保険に加入する）ので、それと秤（はかり）に掛けるのがいいと思います。

この世の中で100％正解というのは、ほとんどありません。100％の正解を求める人や他人に答えを出して欲しがる人はカモです。自分のアタマで考えるしかありません。あなたは、ここまでの情報を元にどう判断しますか？　僕は貯蓄対応派ですが、相談者の中にはこの話を聞いても医療保険に加入する人もいます。自分の中で納得いく答えを出してくださいね。

まとめ

Summary

保険とは何か？

・インターネットに多い保険不要論を鵜呑みにしないようにしよう
・保険とは貯蓄がない人のために用意された商品
・保険は仕組み上、掛け損になることが自然
・貯蓄が少ない人ほど保険の必要性は高くなる、貯蓄が多い人ほど貯蓄は不要になる
・1000万円以上の支出が必要なものの保険はほぼ必須（火災保険、自転車保険などのいわゆる損害保険と呼ばれる保険）

貯蓄で対応できる可能性が高い医療保険やがん保険について

・健康保険はかなり手厚く、高額療養費制度を利用すれば月100万円の医療費も9万円ほどに抑えることができる　※平均的な所得の場合
・統計データでは平均的な医療費負担は20.8万円。決して貯蓄で払えない金額ではないことがわかる
・医療保険もがん保険も平均的な負担相当の保険金が受け取れるよくできた仕組みになっている
・貯蓄が少ない間は保険に加入し、貯蓄が貯まれば自分保険に切り替えよう

なぜ自分保険をオススメするのか？

・そもそも全てのリスクに対して保険で備えようとすると保険料が高くなりすぎて支払えない
・貯蓄は全てのリスクに備える保険の役割を持つ

・保険は特定の1つのリスクに備える商品であり、保険は変化に弱い商品でもある
・自分保険への切り替え目安は200万円ほどの貯蓄
・それまでは保険料の安い掛け捨ての共済などを利用しよう
・会社員は収入減少にも傷病手当金や労災といった手厚い保障がある
・健康保険改悪に備えて医療保険に加入して対策するのは難しい

コラム
Column

一次ソースを見るクセを付けよう

最近は「忙しい」という理由で、考えることをサボる傾向がある、と僕は感じています。本の要約サービスが人気なのも、その傾向が理由になっていると思います。

ただし、「自分の資本価値を高める」という視点から考えれば、要約サービスを使わない方がいいと思います。理由は単純で、読書とは本を読んであなたがどう感じるか？　が重要だからです。

しかし、要約サービスとは誰かの視点で感じたことをまとめたものです。つまり、本が一次ソースだとすると、要約サービスは二次ソースです。今世の中で求められているのは、一次ソースを見て、「どう感じるか？」を発信できる人です。

6章で取り上げている老後2,000万円問題なら、「老後2,000万円問題のレポートを読んで、私はこう感じた」が求められるわけです。一次ソースを見るには、それなりにリテラシーも求められます。リテラシーを鍛えるという意味でも、一次ソースを見て考えることは、非常に大切だと思います。

第5章

【増やす力】
インデックスファンドは
「投資の実力」ではなく何を求める？

この章では、投資の才能が不要で、誰でも少額から投資をすることができるインデックス投資のお話をします。インデックス投資とは、インデックスファンドという投資信託を長期にわたりコツコツつみたて投資をしていくスタイルです。このインデックス投資は当然僕もやっていますし、最近は資産形成をしていこうと考えている若者を中心に広まっています。インデックス投資の魅力は、才能も不要でほったらかしで資産形成ができる点です。

しかし、インデックス投資をするためには最低限の知識と継続する力が必要になります。特に大切なことは継続する力の方かもしれません。というのも、**長期的に投資していくぞ！と息巻いて投資をスタートしても、途中で止めてしまう人が多い**のです。長期で投資をしていくために、最低限の貯蓄はしておく必要性からお話ししていきます。

なぜ、投資でもまずは「貯蓄すること」が大切なのか？

本書を手に取ってくれた人は投資をしたい気持ちが強いと思いますが、貯蓄もないうちから無理に投資をしようと頑張らないことを約束してください。インデックス投資は誰でもできる堅実な投資方法ですが、投資で人生を変えるほどの効果はありません。

ただし、長期で続けていくことで結果につながる見込みが高い方法です。そのためには続けることが重要であり、続けるためにはあなたの生活基盤がしっかりとしている必要があります。貯蓄ゼロで投資を始めると、突然の支出に対応できず、その時点で続けることができなくなってしまいます。

一方、ある程度の貯蓄があれば、突然の支出があっても投資に影響は出ません。貯蓄は一種の保険です。転職したときも入院したときも、貯蓄があることで金銭的にも精神的にも助かります。少額投資は投資を始めるきっかけという意味では素晴らしいですが、焦って始めてもそれほど効果は大きくありません。貯蓄がない人は貯蓄をしっかり作ることから始めましょう。

では、どれくらいの貯蓄を目標にするといいでしょうか。僕はひとまず100万円を目標にすることをオススメします。最終的には200万円ほどが常に普通預金口座にある状態で投資をすることがベストだと思っています。理由として200万円は自分保険の目安ですし、200万円程度の貯蓄があれば転職や結婚といったイベントにも対応できるからです。

とはいえ、200万円貯めるまで投資禁止というルールは、あまりにも厳しすぎます。100万円を目標に貯蓄をして、100万円貯まったら半分貯蓄、半分投資といった形で投資をスタートさせるのが現実的です。

ちなみに日本人はギャンブルが好きな民族と僕は考えていて、投資をギャンブル的な視点で考える人が少なくありません。ですが、あなたに一握りの才能と努力し続ける気持ちがない限り、投資で人生を変えることは不可能です。**専業投資家と聞くと憧れるかもしれませんが、あの人たちは絶えず努力し、周りに決して流されない圧倒的なメンタリティーの持ち主です。一般的な会社員の10倍は努力しています。**

つまり、投資で人生を変えるのは、投資ビジネスで起業するようなものなのですね。この道は、普通の人には難易度が高すぎます。本書では人生を変えるほどの大きなリターンは見込めないが、誰でもできるインデックス投資の魅力をお伝えします。

資産を増やしていくには「投資信託」がオススメ

インデックス投資は、インデックスファンドという投資信託に毎月コツコツつみたて投資をしていく方法です。まずは投資信託とは何かというところからお話ししていきます。

投資といえば株式投資をイメージする人が多いのではないでしょうか。ソフトバンクやトヨタといった会社の株を、安い時点で買って、高くなったら売って利益を得る。株式投資はこんなイメージだと思います。

ではトヨタの株式を買うにはどれくらいお金が必要だと思いますか？「トヨタ　株価」と検索すると、すぐにトヨタの株価を調べることができます。株価とは株式の値段です。２０２０年12月３日時点で７１４９円でした。意外と安いと思ったかもしれませんね。

ですが株式は１個ずつ買うことができず、セット買いが基本となっています。ポッキーを１本ずつ買えないようなイメージです。このセットを単元といい、１単元１００株が主流です（1株ずつ買えるサービスもありますが、手数料が少し高くなります）。

つまり、多くの株式は１００株セットでしか買えないようになっているということです。トヨタだと1株約７１５０円、１００株だと約71万５０００円ですので、トヨタの株主になるためには約70万円が必要ということになります。ソフトバンクなら１４０万円ほど。ちなみにキーエンスという会社の株価は4万４０５０円なので、４４０万５０００円ないと買えないことになります。こうやって株価を見ていくと、「投資はお金持ちがするもの」と言われるのも理解できます。そんな投資に革命を起こしたのが投資信託です。

少額でも「投資家」になれる投資信託

先ほどトヨタの株を買うには、約70万円が必要だとお話ししました。しかし、あなたの周りにトヨタの株を買いたい人が70人いたらどうでしょう？　1人1万円ずつ出し合えばトヨタの株を買うことができますよね。**みんなで少額のお金を出し合って、集めた資金で投資する。これが投資信託の仕組み**です。

図13　みんなでお金を出し合って「投資家」になる

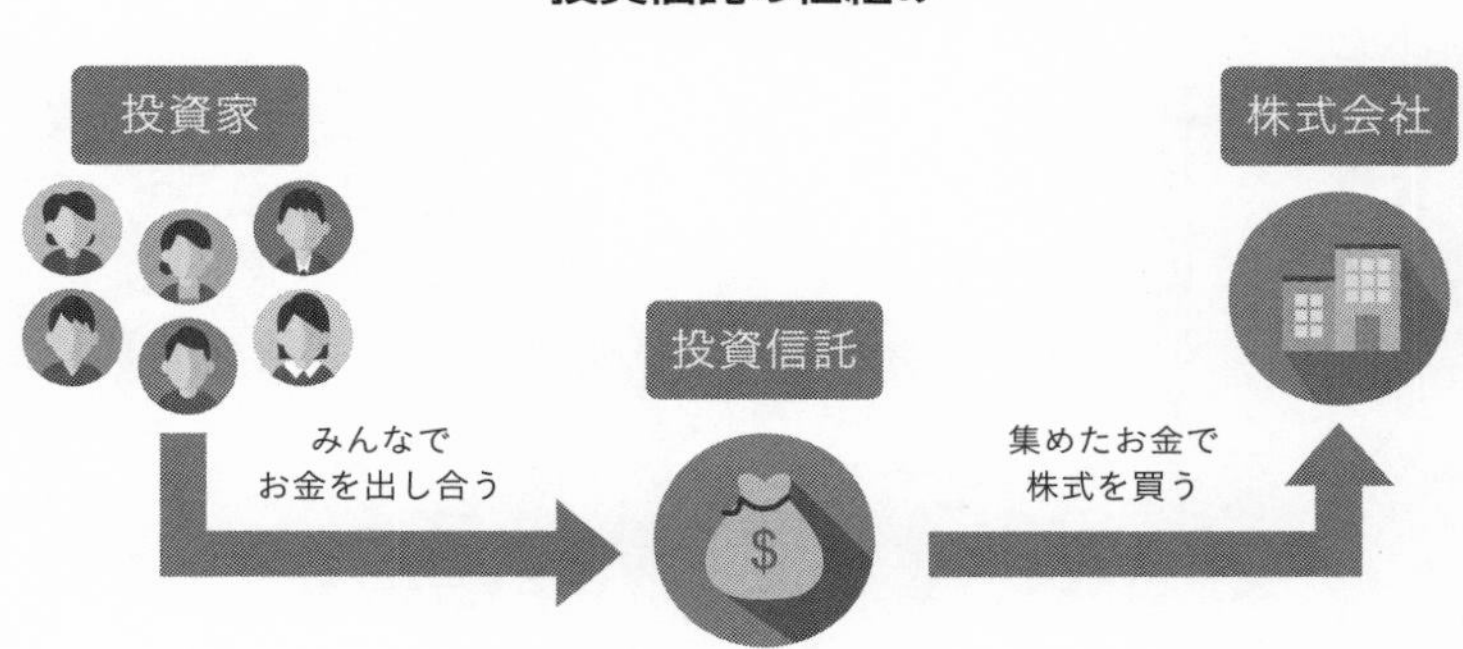

実際の投資信託には1000億円以上集まっていることも珍しくなく、集めたお金は1社の株式を買うのではなく複数もの株式会社の株式を購入しています。

みんなから集めた資金で株式を買うけれども誰が運用しているのでしょうか。僕たちが運用するわけではありません。ファンドマネジャーという運用の専門家がいて、その人が運用をしてくれています。そのため、その人の手間賃などの手数料が必要になります。

自分で株式を購入する際には売買の手数料だけですが、投資信託は保有している間ずっと手数料がかかります。簡単に言ってしまえば「投資信託の利用料的な費用が必要」ということです。費用がかかると言うと嫌な気持ちになるかもしれませんが、投資信託にはそれを補って余るほどのメリットが多くあります。その1つが、少額で分散投資が可能ということです。

100円からだって世界中の株式を買える

投資信託はみんなでお金を出し合って購入しているので、少額から投資信託を買うことができます。金融機関によって異なりますが、ネット証券などでは100円から購入することができます。しかも投資信託の種類によっては、世界中の何千社に投資できる投資信託があります。

今現在、日本で買える投資信託は3000本くらい存在します。中には厳選した30社だけに投資する投資信託もあれば、先進国や新興国などの会社約8000社に投資している投資信託もあります。このようにコンセプトによって投資信託の中身は大きく異なりますが、それでも共通していることは、「分散投資をしている」ということです。

分散投資はとても大切な考え方です。投資格言の1つに「卵は1つのかごに盛るな」というものがあります。これは分散投資の重要性を表しているものです。

1つのかごに卵を全部入れていると、かごがひっくり返ったときに多くの卵が割れる危険性があります。しかし、同じ数の卵でもかごを分けておけば、1つのかごがひっくり返っても他のかごの卵は無事です。このように投資対象も1つにするのではなく、分散して投資することでリスクを抑えることができます。

株式を自分で買う場合であれば、分散投資するために非常に多くの資金が必要になりますが、投資信託ならそれが100円からできるわけです。これから資産を作っていく世代にはぴったりの商品ではないでしょうか。

最低限押さえておきたい「投資信託の手数料」3種

とはいえ、投資信託には手数料がかかります。自分で株式を買うときとは違い、保有時の手数料が必要になります。ここで、手数料についても理解しておきましょう。投資信託の手数料は以下の3種類です。

・購入手数料【購入時】
・信託報酬【保有時】
・信託財産留保額【売却時】

購入手数料【購入時】

投資信託を買う際に支払う手数料のことです。最近では購入手数料がない方が主流で、購入手数料がない投資信託を「ノーロード」と言います。

また同じ投資信託でも、購入する金融機関によって購入手数料が異なります。購入手数料は最大3・24％まで取ることが認められています。

たとえば、金融機関Aではある投資信託100万円分を購入手数料0円で買えるのに対し、金融機関Bでは全く同じ投資信託100万円分に購入手数料3万2400円を加えた103万2400円必要というケースもあるということです。

ネット証券ではノーロードが当たり前ですが、店舗で買う場合は購入手数料が発生することが多いイメージです。よほどのこだわりがない限り、ネット証券を使うのがベターです。

信託報酬【保有時】

この信託報酬というのは、自分で株式を購入した場合発生しませんが、投資信託には発生する費用です。投資信託の値段のことを「基準価額」と言い、株式と異なり1日に1度だけ値付けがされます（近年では基準価格という認識が一般的ですが、正しくは基準価額です）。

図14　信託報酬は「天引き」で抜かれている

基準価額と信託報酬の関係

前日

基準価額
10,000円

この時に信託報酬は
差し引かれている

翌日

基準価額
9,999円

この基準価額が更新されるとき、信託報酬が差し引かれています。

たとえば、信託報酬が０・３６５％だとすると１日換算０・００１％です。これが毎日手数料として引かれるというわけです。この信託報酬は目に見えにくい手数料で、僕たちが目にする**基準価額は常に信託報酬が引かれた後の金額**となっています。

ちょっと意味がわからないと思うので、例を使って説明します。たとえば、基準価額１万円、信託報酬０・３６５％の投資信託を１００万円分持っていたとします。信託報酬は１日換算０・００１％です。１００万円の０・００１％は10円です。１００万円分の投資信託を保有している場合は、１日10円が信託報酬となるわけですね。

当然、投資信託の基準価額は上がったり下がったりしますので、そのときどきで信託報酬は変わります。仮に当日、基準価額1万円の投資信託の値動きがなかったとしましょう。この場合、値動きはなかったとしても信託報酬は毎日引かれるため、翌日の投資信託の基準価額は信託報酬が引かれた金額となります。信託報酬が1円なら、基準価額は9999円となります（図14参照）。

このように信託報酬は基準価額から引かれていくため、直接的に見えないコストといえども、一番気にしておくべき手数料です。

最近では、この信託報酬が安い投資信託がたくさん出ていますし、インデックスファンドは信託報酬が非常に安いのが特徴です。投資信託の選び方は後ほど解説します。

信託財産留保額【売却時】

信託財産留保額とは、売るときに必要な手数料です。投資信託はみんなでお金を出し合って株式を購入しています。投資信託を売りたい場合、どうなるのでしょうか。これはシンプルに株式を売却して現金化しています。

図15　投資信託を売るときの仕組み

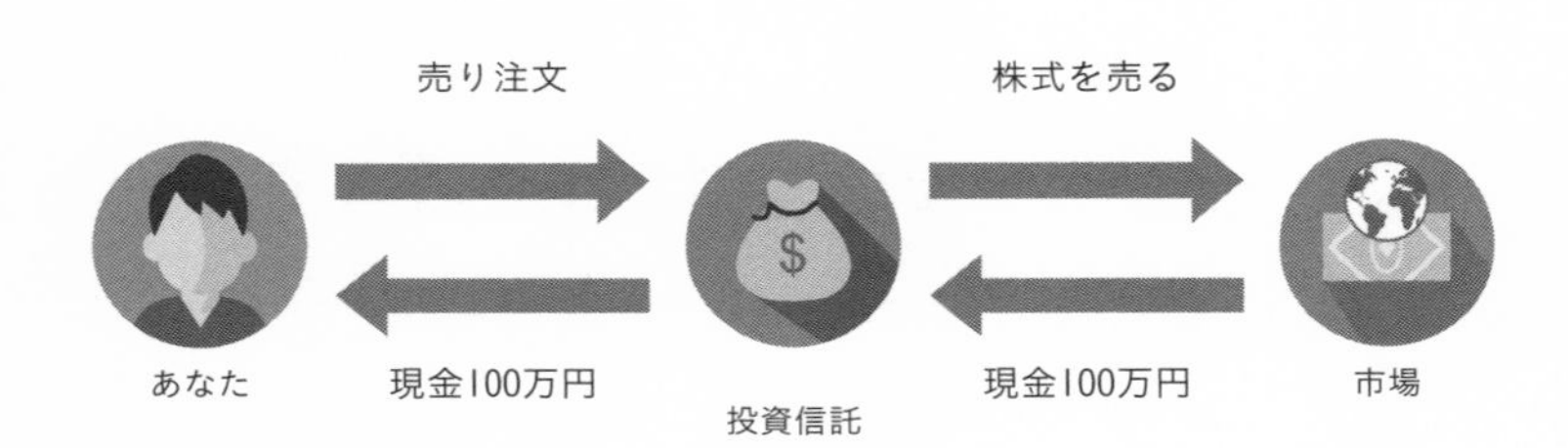

図（図15参照）のように投資信託を100万円分売りたい場合、投資信託の中の人は100万円分の株式を売って、あなたに100万円を渡しています。

ただし、投資信託は運用を続けていくために最低限の資金は必要となります。必要な資金が足りなくなると、正常な運用ができなくなってしまいます。このような点から売る際には一定額を投資信託の中に残すために「信託財産留保額」という手数料が存在します。

とはいえ、全体で見れば信託財産留保額が発生する投資信託は多くありませんので、それほど気にすることはないと思います。

「投資＝ハイリスク」が間違いである理由

ここまで、投資信託がどのような商品か説明してきました。それでも投資未経験の人は「投資＝ハイリスク」と考えている人もいると思います。これは半分正解です。投資対象の資産は価値が変動します。増えることもあれば、減ることもあります。株式のような資産は非常に大きく値動きします。

ちなみにこの変動のことを投資ではリスクと呼びます。リスクと聞くと「危険」と考えてしまいますが、投資ではリスクとは不確実性、つまり資産価値の「ブレ幅」を指します。株式は大きく値上がりすることもあれば、大きく値下がりすることもあります。ブレ幅が大きいですね。なので、「株式はハイリスクな資産」と言います。

またリスクとリターンはトレードオフの関係です。基本的にリスクが下がるとリターンも下がります。一方、全ての資産が株式のように大きな値動きがあるわけではありません。たとえば債券という資産があります。代表的な債券は国債です。国が発行する債券なので、国債です。国債は国の借金です。国が予算を組むときにお金が足りないと、国債を発行して誰かに買ってもらいます。この国債には満期があり、購入すると一定期間ごとに利息が付き、満期が来ると元本が返ってきます。

仕組みでいえば銀行の定期預金と同じです。若い人は定期預金を使ったことがないかもしれませんが、3年満期や5年満期といった形で銀行にお金を預けて、その期間は利息をもらい、満期が来たら元本が返ってきます。国債と仕組みが似ていますよね。ただ国債は銀行預金とは違い、発行体が破綻した場合、元本は返ってきません（銀行は1000万円まではペイオフで保護されています）。

この国債と株式を比較してください。一企業と国家のどちらの方が破綻する可能性が高いでしょうか。異論はあるかもしれませんが、国家の方が破綻リスクは低いですね。つまり、債券の方がローリスクと考えられます。ローリスクの商品はリターンも低くなります。よって、債券という資産はローリスク・ローリターンな資産といえます。

このように株式はハイリスク・ハイリターンですが、債券のようにローリスク・ローリターンな資産も存在します。

図16　「投資＝ハイリスク」とは限らない

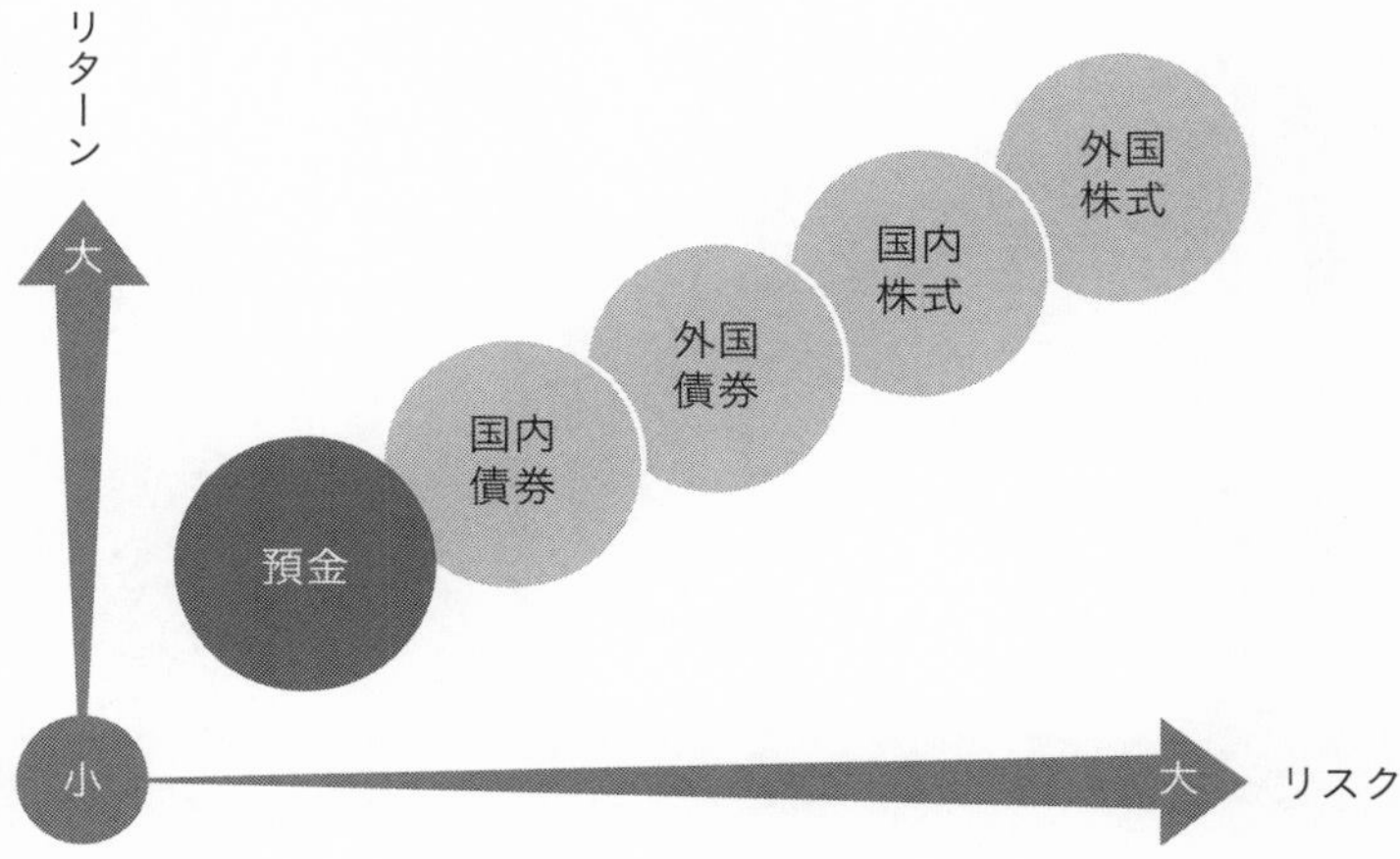

出典：『テオーガイド』https://guide.theo.blue/kihon/01/

「投資＝ハイリスク」とは限らないということだけは覚えておきましょう。ちなみに一般的には資産ごとのリスクとリターンは、上の図のように表されることが多いです（図16参照）。

このようにハイリスクな資産だけではなくローリスクな資産も存在しています。そして、あなたが投資する場合も、株式だけに投資する必要はありません。

ハイリスクな株式とローリスクな債券を組み合わせて投資することで、リスクを抑えることができます。

「卵は1つのかごに盛るな」の格言で、

分散投資の大切さをお伝えしました。資産も分散させることが重要です。**たった1つの会社に投資するのではなく、多くの会社に投資するのが分散投資。たった1つの資産に投資するのではなく、複数の資産に投資するのも分散投資**です。

とはいえ、むやみやたらに分散投資するだけではあまり意味がなく、意味のある分散投資が大切です。

ドルコスト平均法は「弱者の戦略」

ここまで、投資対象や資産を分散させることについて説明してきました。一方で、投資のタイミングを分散させることも重要です。タイミングを分散させる手法で一番有名なのは、ドルコスト平均法です。ドルコスト平均法は、決まった金額を決まったペースで購入していく方法です。この方法を利用することで資産価値が高いときに少なく買い、反対に安いときに多く買うことができます。

投資で利益を出す基本的な考え方は「安く買って高く売る」です。同時に投資で一番難しいと言われるのが、この「安く買って高く売る」という行為です。人間とは欲深い生き物で、株価が下がっているときは「もっと安くなるかもしれないから、もう少し安くなってから買おう」と考えます。反対に値段が上がったときは「もっと値上がりするかもしれないから、もう少し高くなったら売ろう」と考えます。

投資のプロほど、タイミングよく売り買いをする「タイミング投資」の難しさを語っています。投資のプロでも難しいと思うのですから、投資弱者の僕たちには、非常に難しいことだとわかりますよね。その投資の売り買いの悩みの多くを解決してくれるのがドルコスト平均法です。

「安値で買い、高値づかみを避ける」ドルコスト平均法

投資信託の値段は、基準価額と呼ぶのは説明しました。この基準価額は1万口当たりの値段です。たとえば基準価額1万円の投資信託があれば、それは1万口当たりの値段なの

で、1口1円ということになります。ですので、基準価額1万円でも100円分を買うことができます。

基準価額が1万円の場合1口1円なので、100円分つまり100口買うことができるわけですね。このように基準価額がいくらであれ、少額から購入することができるため、金額を指定して金額相当の口数を購入することができます。

とはいえ、基準価額の動きで購入できる口数は変わります。たとえば100円分を買うとして基準価額が1万円の場合は100口買えますが、基準価額が2万円の場合は50口しか買えません。

※計算式にすると、購入金額÷（基準価額÷1万口）となります。基準価額が2万円の場合は100円÷（2万円÷1万口）で50口。

ドルコスト平均法は、決まった金額、決まったペースで買い続ける方法です。そのため基準価額が高いときは少ない口数しか購入できません。一方、基準価額が安いときは多くの口数を購入することができます。図を見てください（図17参照）。ドルコスト平均法を

図17 「安値で買い、高値づかみを避ける」ことに繋がる

	基準価額	購入額	購入口数
第1回	10,000	100円	100
第2回	5,000	100円	200
第3回	20,000	100円	50
第4回	10,000	100円	100
第5回	5,000	100円	200
第6回	20,000	100円	50
第7回	10,000	100円	100

わかりやすく説明するために基準価額が1万円↓5000円↓2万円……と極端な値動きがあったケースで考えてみましょう。その投資信託を毎月100円ずつ買うとします。

すると、保有している口数は800口となります。これを基準価額が1万円の時に売却するとしましょう。1口1円ですので、800口を持っていたら800円となります。

それに対して購入金額は700円です。見事、100円が利益となりました。このようにドルコスト平均法は、同じ購入金額でも安い時は多く買い、高い時には買える口数が少なくなります。つまり、**「安値で買い、高値づかみを避ける」**ことに繋がります。

実際、「不調な投資信託」でもドルコスト平均法は利益が出た

さらにドルコスト平均法の効果を見るために、実際に存在する「株式インデックス225」という日経平均と同じ動きをする投資信託を例に解説します。まずは、この投資信託の値動きを見てください（図18参照）。この値動きを表した図をチャートと言いますが、このチャートは「株式インデックス225」という投資信託の、1992年～2017年のデータとなります。見てもらうとわかるとおり、1992年の最初から2017年の最後まで一度も、1992年の最高値を超えていません。

1992年にこの投資信託に一括投資した場合、2017年になっても損失を抱えたままの状態となります。25年間投資して損をし続けているのは辛い状況ですね。ですが、この投資信託を毎月1万円ずつ買っていた場合、どんな結果になっていたでしょうか？

答えを見る前に自分のアタマで考えてみましょう。得していると思いますか？　損していると思いますか？

図18　株式インデックス225のチャート図

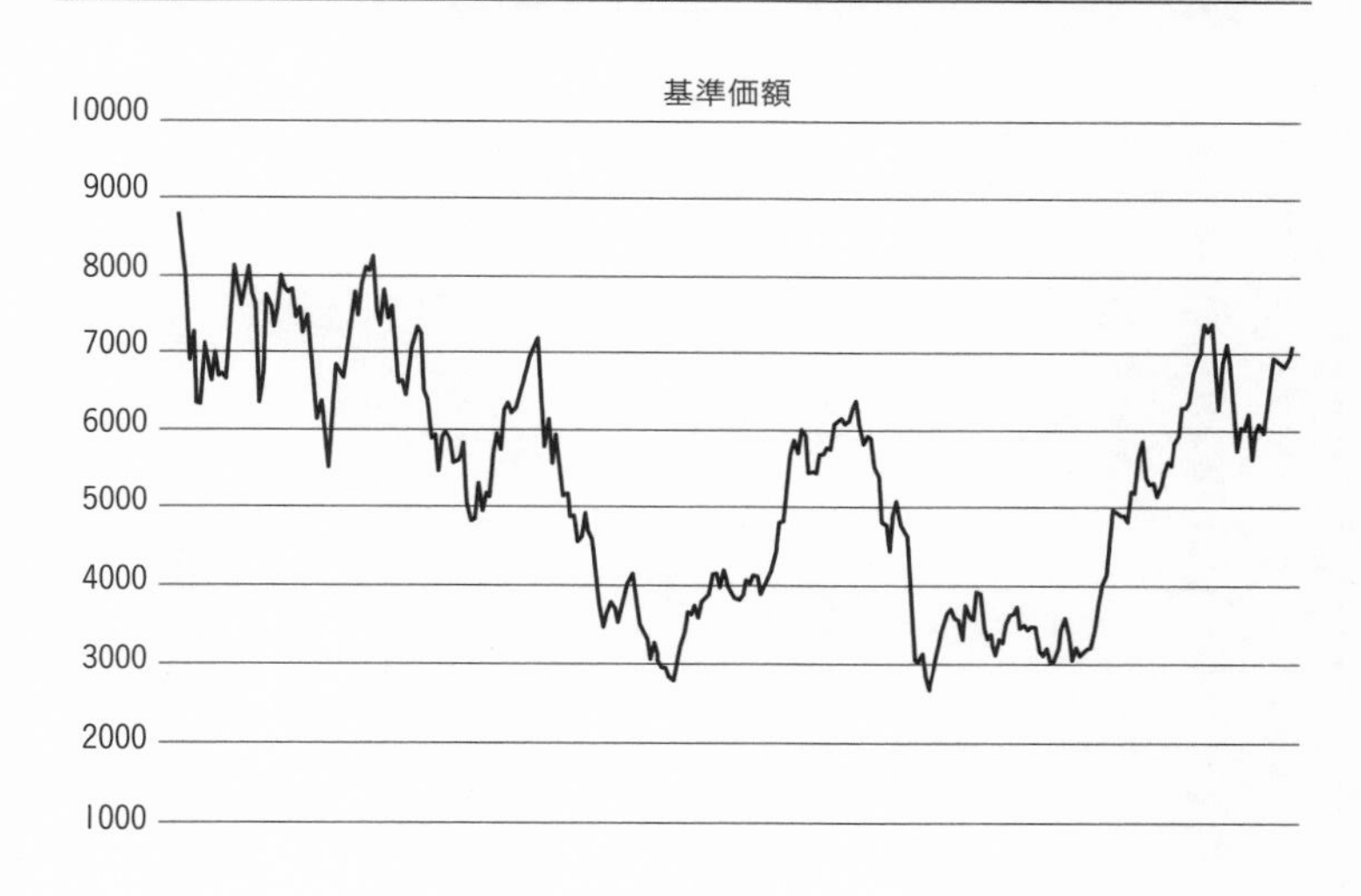

正解は利益が出ています。合計３０５万円の投資元本に対して２０１７年時点では資産価値は４４３万７６６４円となっているため、約１３９万円の利益が出ていることになります。年利換算すると１・５％ほどです。対して、仮に１９９２年に３０５万円を一括投資していた場合、２０１７年時点では２４６万１５６８円の資産価値です。約59万円の損失が出ていることになります。

このように一括投資の場合、タイミングを間違えると損失につながることがあります。しかし、ドルコスト平均法は購入タイミングを分散することで高値づかみを防ぎ、かつ基準価額が低いときに多く買える仕組み上、利益が出る確率が高くなるようになっています。

とはいえ、ドルコスト平均法が損失を出す相場もある

ここまでドルコスト平均法の解説を読むと、ドルコスト平均法が万能に聞こえるかもしれませんが、実はそうではありません。ドルコスト平均法がマイナスに働くこともあります。

たとえば右肩上がりでずっと上がっていく投資対象の場合は、ドルコスト平均法ではなく、最初に一括投資した方が投資の結果は良くなります（図19参照）。しかし、現実にはずっと単調に上がり続ける投資対象はありません。今は好調なアメリカ株も、１９２９年の世界大恐慌では暴落後、元値に戻るのに25年かかりました。最終的には、値上がりすると思っていても、僕たちが投資する時が、たまたま不遇な時期にならない確証はありません。

また投資対象が最初に大きく値上がりして、その後下がり続ける場合、ドルコスト平均法では損失を出します。とはいえ、値下がりし続ける投資対象に投資するのは、ドルコス

図19　ドルコスト平均法が裏目に出る場合もあるけれど……

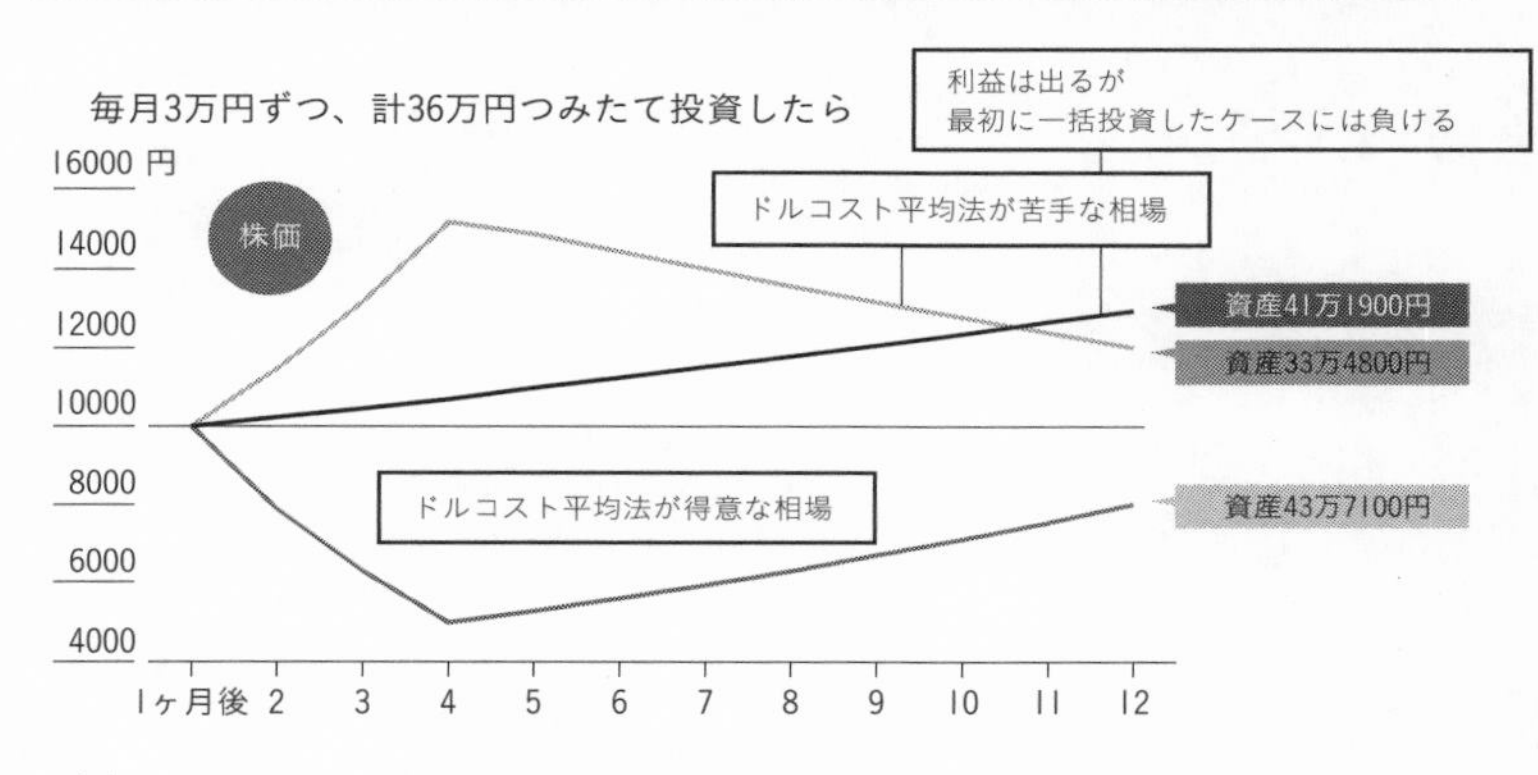

参考：https://www.nikkei.com/article/DGXMZO62214260T00C20A8K15300/

ト平均法や一括投資以前の問題でもあります。

反対に最初に大きく値下がりして、その後上がり続ける相場は、ドルコスト平均法が得意とする相場です。右肩上がりに伸びる相場でのドルコスト平均法より、高い利益を出すことができました。

まとめましょう。「ドルコスト平均法＝利益が出る（リスクがなくなる）」という認識ではなく、**「万能ではないが、悪い結果を出す確率を下げる手法」**という認識を持ってもらえればと思います。

僕はドルコスト平均法のことを投資センスのない人のための「弱者の戦略」と呼んでいます（投資センスのない人の中に当然僕も入っています）。

投資信託は「インデックスファンド」を使うのが無難

次は具体的に投資信託の選び方をお伝えします。投資信託は3000本近い数があり、その中から自分で選ばないといけません。ですので、選ぶための基準が必要となります。

正直に言うと、**投資信託のうちオススメできる商品は1割ほどしかありません**。ですので、残り9割を避けるための選び方と言った方がいいかもしれません。投資信託には大きく分類すると、アクティブファンドとインデックスファンドの2種類が存在しています。それぞれ特徴を見ていきましょう。

投資信託の多くにはベンチマークが設定されています。ベンチマークとは目標のことで、投資信託の成績を判断するための指標と思ってください。たとえば、ある青年が数学のテストを受けたとして、点数が65点だったとしましょう。これは良い成績でしょうか？　それとも良くない成績でしょうか？　比較対象がないと判断が難しくないですか？

では、平均点が80点だったと聞いたらどうでしょうか？　良い成績とはちょっと言えなさそうですね。このように僕たちは判断するとき、必ず比較をしています。つまりベンチマークとは、投資信託の成績を測るための1つの判断材料となります。たとえば、日本の株式に投資している投資信託だと、ベンチマークは日経平均やTOPIXなどの指数が利用されます。日経平均は日経新聞社が選んだ225社の株価の平均値であり、TOPIXとは東証一部に上場している株式の時価平均を表しています。両方ともざっくり言えば日本全体の株価を表していると思ってください。

アクティブファンドとインデックスファンドでは、このベンチマークに対して異なるアプローチを取っています。アクティブファンドはその名のとおり、アクティブに運用をする投資信託（ファンド）なので、ベンチマークよりも良い成績を出すために努力をします。もし、ベンチマーク先の日経平均が1年で5％上昇していたなら、アクティブファンドは5％以上の結果を出すことを目標にしています。

対して、インデックスファンドはベンチマークと同じ結果を求めます。インデックスファンドは、別名パッシブファンドとも呼ばれています。パッシブとは「消極的、受動的」という意味です。つまり日経平均が1年で5％上がると、インデックスファンドも5％上昇することを目標としています。

手数料が高く、成績もイマイチなアクティブファンド

これだけ聞くと、絶対にアクティブファンドの方がいいように思いますよね。ですが、2つの大きな違いの1つに手数料の差が挙げられます。アクティブファンドは、良い成績を出すために努力をしています。良い業績の会社を探したり、実際の価値よりも低く見られている会社を見つけたりするためには、労力が必要です。つまり手間がかかっているので、その分手数料が高くなります。

反対に、インデックスファンドは手数料がとても低いです。それは手間がかからないからです。ベンチマークと同じ結果を出すということは、ベンチマークの真似をするだけでいいわけです。たとえば日経平均の場合、225社が含まれていますが、インターネットで検索すると、その内訳をすぐに知ることができます。

日経平均と同じ結果を出したいなら、同じ比率で株を買えば結果も同じになりますよね。手間はそれほどかかりませんので、その分だけ手数料は安い傾向があります。インデック

スファンドは近年の手数料引き下げ競争激化の影響もあり、0・1%台も珍しくありません。逆に、アクティブファンドでは信託報酬が1%を超えることは普通です。

つまり、**アクティブファンドは手数料が高いけど良い結果を出してくれる可能性があり、インデックスファンドはベンチマークと同じ結果（正確には手数料分だけマイナスになる）だが手数料は安い**ということになります。

ところが、**残念なことに「アクティブファンドは手数料が高いのに、成績はインデックスファンドに負ける傾向がある」というのが今や常識**となっています。

平均以下！ アクティブファンドの悲しい成績

論より証拠です。まずは日本の結果から見ていきましょう。平成22年、みずほ年金研究所が2004年～2008年の5年間でアクティブファンドとインデックスファンドを合わせた168本の投資信託の結果を元に、アクティブファンドの成績を調べたデータを公表しています。少し古いデータと思われたかもしれませんが、もはや決着の着いた議論のようなところもあるので、気にするところではありません。

まずは、アクティブファンド全体としてベンチマークよりも良い成績を出せているかを見ていきましょう。図を見てください（図20参照）。2004年～2008年の各年のアクティブファンドの平均成績とベンチマークの差を見ることができます。

たとえば、2004年はベンチマーク先であるTOPIXが1・42％だったのに対し、それを上回った成績を出せたアクティブファンドの数は149本中113本。アクティブファンド全体の成績平均は4・81％となっています。つまり、2004年はほとんどのア

図20　手数料ゼロでもアクティブファンドは負けている

	2004年度	2005年度	2006年度	2007年度	2008年度	5年間通算
プラス	113本 75.80%	115本 77.20%	61本 40.90%	57本 38.30%	35本 23.50%	73本 49.00%
マイナス	36本 24.20%	34本 22.80%	88本 59.10%	92本 61.70%	114本 76.5%	76本 51.00%
TOPIX（配当込み）	1.42%	47.85%	0.29%	-28.05%	-34.78%	-6.73%
ファンドの成績単純平均	4.81%	53.73%	-2.76%	-28.31%	-36.87%	-6.83%

手数料は含まれていない！
つまり、実際はもっと成績が悪いということ！

出典：https://www.mhlw.go.jp/shingi/2010/02/dl/s0222-5b.pdf

クティブファンドがベンチマークよりも良い成績を出したということです。アクティブファンドの名に恥じない成績を残しています。

ところが、2004年〜2008年の累計の成績を見てみると、TOPIXはマイナス6・73%。それに対してアクティブファンド全体の成績はマイナス6・83%です。つまり、全体で見ればベンチマークより0・1%成績が悪かったことになります。

しかも驚くことに**この検証ではアクティブファンドの手数料は含まれていません。つまり、手数料の高いアクティブファンドは手数料ゼロの状態でもベンチマークに負けています**。本当は手数料がかかることを考えると、さらに成績が悪くなるということがわかります。

「通算成績上位ファンド」の驚くべき姿

先ほどの結果に対して、「全体で見れば成績が悪いかもしれないが、優秀なアクティブファンドは存在している！」と言われることがあります。これは事実です。世の中には、素晴らしい結果を出しているアクティブファンドが存在しています。

しかし、それを自分が見つけられるかどうかは別問題です。先ほどと同様、みずほ年金研究所のデータを使って確認しましょう。次は２００４年〜２００８年の５年間の通算成績がもっとも良かった投資信託の上位５ファンドと、反対に通算成績が悪かった下位５ファンドを取り上げて各年の成績を見ましょう。図を見てください（図21参照）。

これを見ると常に上位、常に下位の投資信託は存在していないことがわかります。たとえば、通算成績が1位の投資信託を見ると、２００７年と２００８年は1位という輝かしい成績を収めています。しかし、２００６年を見てください。１６８本の投資信託のうち、１１７位です。さらに２００５年には１６８位です。１６８本中１６８位ですから、最下

図21　上位をキープすることは難しい

■ 5年間通算のパフォーマンスが上位のファンドの各年度の順位はどうだったか？

通算順位	2004年度	2005年度	2006年度	2007年度	2008年度
1位	81	168	117	1	1
2位	5	165	134	10	3
3位	53	166	118	3	2
4位	16	4	94	36	64
5位	17	162	3	21	4

■ 5年間通算のパフォーマンスが下位のファンドの各年度の順位はどうだったか？

通算順位	2004年度	2005年度	2006年度	2007年度	2008年度
164位	8	155	165	164	23
165位	23	167	142	149	89
166位	32	68	167	150	90
167位	27	94	168	168	19
168位	24	91	166	160	154

出典：https://www.mhlw.go.jp/shingi/2010/02/dl/s0222-5b.pdf

位です。そんな散々な成績を残した投資信託が突然1位に躍り出たわけです。

このように、**投資信託を選ぶときに過去の結果はそれほど参考にできない**ことがわかります。

もしあなたがいいアクティブファンドを選ぼうと思ったら、過去のランキングをあてにしてはいけません。最新の投資信託の説明書（目論見書）を読んで、投資信託の特徴を知って、この先この投資信託が良い結果を残せるかどうか、自分のアタマで考えないといけないわけです。

「アクティブファンドは平均以下」はアメリカでも同じ

先ほどのアクティブファンドの悲しい結果ですが、日本だけではなくアメリカでも同様の結果が見られます。インデックスファンドで運用していく際に読んでおくと良い書籍として、よく『ウォール街のランダム・ウォーカー』と『敗者のゲーム』が挙げられます。これらの書籍には、アクティブファンドの悲しい結果がたくさん載っています。そこから一部引用させてもらいます。

次の上の図はランダム・ウォーカーから引用したデータです（図22参照）。2008年のリターンを比較した結果、ベンチマークであるS&P500より良い結果を出せたファンドはたった1つということがわかります。さらに敗者のゲームのデータ（中・下）を見ると、長期にわたる結果からもアクティブファンドは平均以下になる傾向が見られます。

図22 アクティブファンドが冴えないのは、もはや「通説」

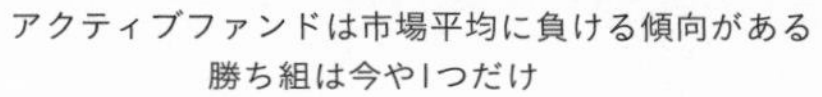

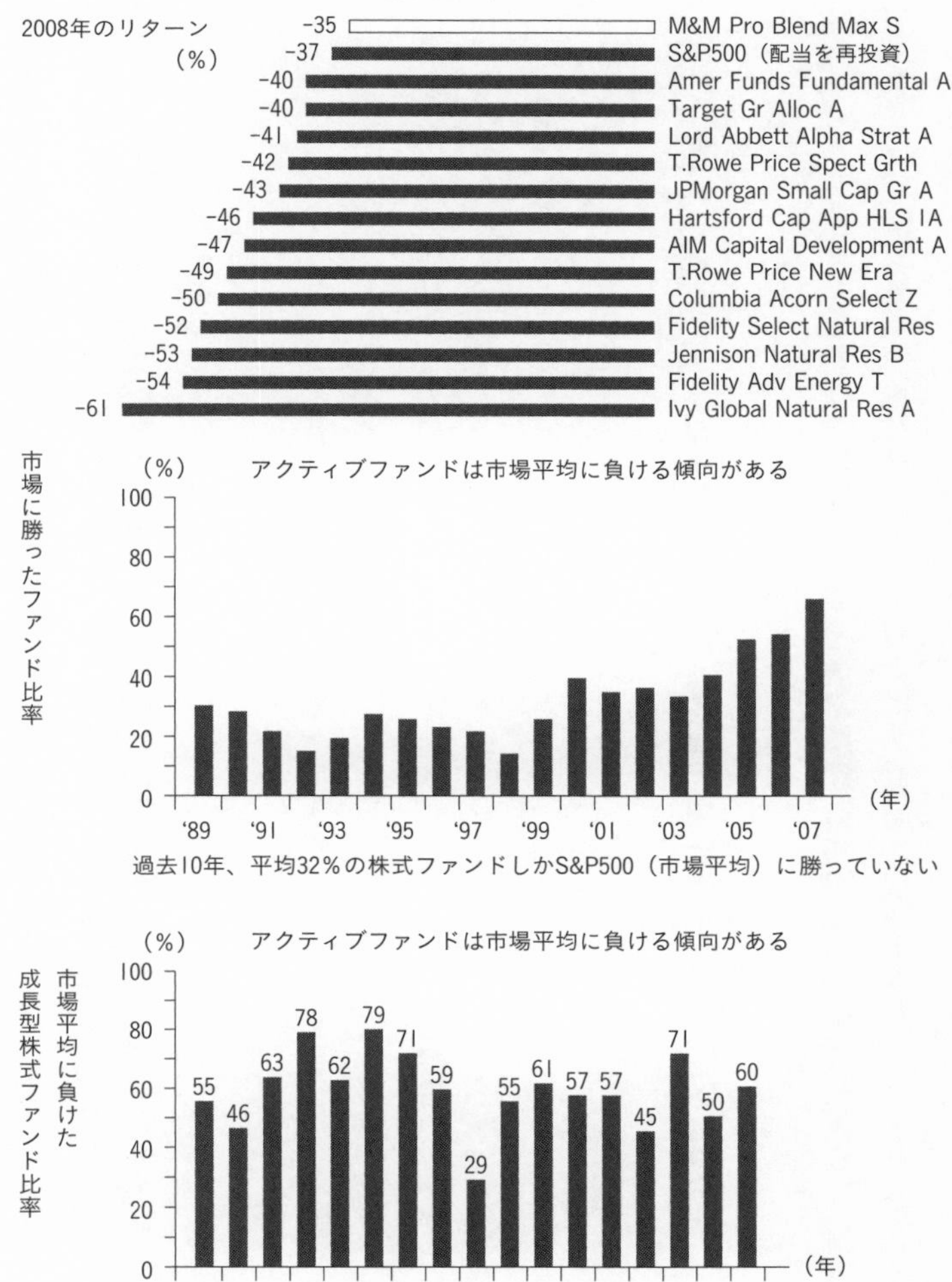

このようにアクティブファンドは、市場平均に負ける傾向があります。したがって良い成績を出せるアクティブファンドを見つけるのは、見る目を非常に問われます。**投資初心者には勝てる投資信託かどうかを判断するのは難しいと思うので、僕は初心者はインデックスファンドから始めることをオススメ**しています。

良いアクティブファンドも存在していることは確かですので、その価値を自分で判断できるようになれば、アクティブファンドを選んでみてはどうでしょうか。ちなみにですが、僕は投資を始めて結構経ちますが、未だに良いアクティブファンドを選ぶ自信がありません。そのため、インデックスファンドを使って投資をしています。

「大暴落に耐えられるかどうか」で資産配分を決めよう

実はインデックスファンドに決めるだけで、選ぶ投資信託の数はかなり絞り込まれています。たとえば、楽天証券の「投信スーパーサーチ」機能を使ってみると、投資信託だけだと2700件がヒットします。しかし、インデックスファンドに絞り込むだけで、37

5件まで減らすことができます（2021／02／13時点）。

ここまでの結論を一言でいうと、**「初心者が投資をするなら、信託報酬の安いインデックスファンドを、毎月一定額ずつ購入するのがオススメ」**になります。

あとは、資産タイプの配分です。資産タイプとは株式、債券、不動産（REIT）、金、コモディティなどといった分類です。資産タイプはたくさんありますが、僕は基本的には、株式を中心に分散投資をすればいいと考えています。

たとえば、あなたが毎月1万円ずつ投資信託を買っていくことを決めたとしましょう。月々の投資額は大きくはありませんが、8年後には100万円ほどの運用資金になります。その内訳をどうするか？が投資において重要となります。リスクを恐れない人なら100万円全てを株式の投資信託にするでしょう。リスクは抑えながらリターンも狙いたいと思う人は「株式50万円、債券50万円」とするかもしれません。

この資産の配分を、アセットアロケーションと呼びます。アセットは資産、アロケーションは割り当てや配分を意味します。

では、本題に入りましょう。あなたはどんなアセットアロケーションを作りますか？　まずは、基本的な部分である、株式を筆頭としたリスク資産と非リスク資産（短期国債などの元本が保証された資産）の組み合わせを考えてみましょう。

株式（リスク資産）だけで投資した場合、リーマンショックのような暴落があると資産価値は60％ほど減ることが考えられます。つまり、コツコツ1万円ずつ投資して100万円ほどに増えたとしても、暴落で40万円まで減ってしまうということです。

あなたは8年間掛けて増やしたお金が一気に半分ほど値下がりすることに耐えられますか？　もし、耐えられると思うなら株式の投資信託だけを選ぶと良いでしょう。

ちなみに、初心者の多くは株式の投資信託だけで投資を始めますが、多くの投資経験者は株式だけの投資は勧めていません。たとえば、レイ・ダリオというアメリカの有名なヘッジファンドマネジャーは、**「一般投資家はそれほどリスク許容度が高くないから、株式は30％くらいにしておく方がいい」**と言っています。

僕たちは自分が思うより「損失に脆弱」

多くの人が思っているよりもリスク耐性が高くないことは、プロスペクト理論からもわかります。プロスペクト理論とは、ダニエル・カーネマンらが提唱する行動経済学の理論です。簡単に言うと、「損失は心理的に利益の2倍強く感じる」としている理論です。少しわかりづらいと思うので、ダニエル・カーネマンらの『ファスト&スロー』から引用した、以下のクイズに答えてみてください。

問1　あなたはどちらを選びますか？

A　確実に900ドルをもらえる。

B　90％の確率で1000ドルもらえる。

問2　あなたはどちらを選びますか？

A　確実に900ドル失う。

B　90％の確率で1000ドル失う。

さて、どうでしょうか。おそらく、問1ではAを選び、問2ではBを選んだ人が多いと思います。ですが、よく考えてみましょう。

問1ではもらえない確率があるギャンブルを避けて、確実にお金をもらえる方を選択しました。問2では確実に失うことを避けて、10％でも助かるギャンブルを選んだことになります。矛盾していますね。ですが、これが人間の特性なのです。人はリスクを避けたがります。これは当たり前で、危険を避ける性質がない動物は、野生では生き延びることができません。僕たち人間も、そんな時代を経て今の時代に生きています。その遺伝子が残っているということですね。この遺伝子が僕たちの論理的な思考を邪魔します。ちなみに、先ほどのどちらの問いも期待値は同じになるので、理論的にはAもBも変わりません。

期待値とは確率論の用語です。たとえば、問1の場合、「A　確実に900ドルをもらえる」を10回繰り返したとします。10回とも900ドルもらえるわけですから、1回当たりに期待できる値は、900ドルですね。次に「B　90％の確率で1000ドルもらえる。」を考えてみましょう。9回は1000ドルもらえるが、1回はゼロです。10回で合計9000ドルもらえるので、1回当たりに期待できる値は900ドルとなります。つまり、どちらも期待値は同じということになります。では、期待値という考えを理解した上で、次の質問に答えてください。

問3 あなたはコイン投げのギャンブルに誘われました。裏が出たら100ドルをあなたが払います。表が出たら150ドルをもらえます。このギャンブルは魅力的ですか？　あなたはやりますか？

表と裏の出る確率は50％ずつになるはずなので、期待値でいえばプラスです。美味しい話ということがわかります。ですが、直感的にやりたくないと感じたはずです。

このように、僕たちは損失に対して臆病であり脆弱なのです。つまり、**損失が絡むと人間は論理的に考えることができず、感情的に損失を避けたくなります**。実際、多くの投資家はリーマンショックの時、一番売るべきではない底値で売っています。あとからチャートを見れば、「なんてもったいない！」と思うでしょう。多くの人はこの時の投資家たちを「愚か者だったから」とか「金融リテラシーが低いから」と結論づけます。

しかし、僕はそうではないと思います。人間はそういう生き物なのです。損失に脆弱なのですね。

インデックス投資でお金を増やす精度を上げるには、「2つのこと」を守る

なぜ、僕は大暴落の時の損失の話をしているのでしょう。それは、**実力が不要なインデックス投資に求められることはたった2つ、「長期投資」と「売らないこと」**だからです。

まず、インデックス投資は長期間の投資を前提にしています。株式の期待リターンは約5～6％と言われています。この期待リターンとは、株式に投資して長期で保有している場合、期待できるリターンということです。次の図を見てください（図23参照）。

この図は、ジェレミー・シーゲルの『株式投資』にある図を元に作成したものです。株式の保有期間と複利利回りのブレ幅を表しています。まず保有期間が1年の場合の株式の複利利回りを見ると、プラス66・6％～マイナス38・6％となっています。

1年間保有した場合のリターンは、この間のどこかになるということです。つまり、すごく得するか、すごく損するかのギャンブル要素が強いですね。

続いて、保有期間が10年のところを見てください。リターンはプラス16・9％～マイナ

図23　短期投資ほど「ハイリスク」になる

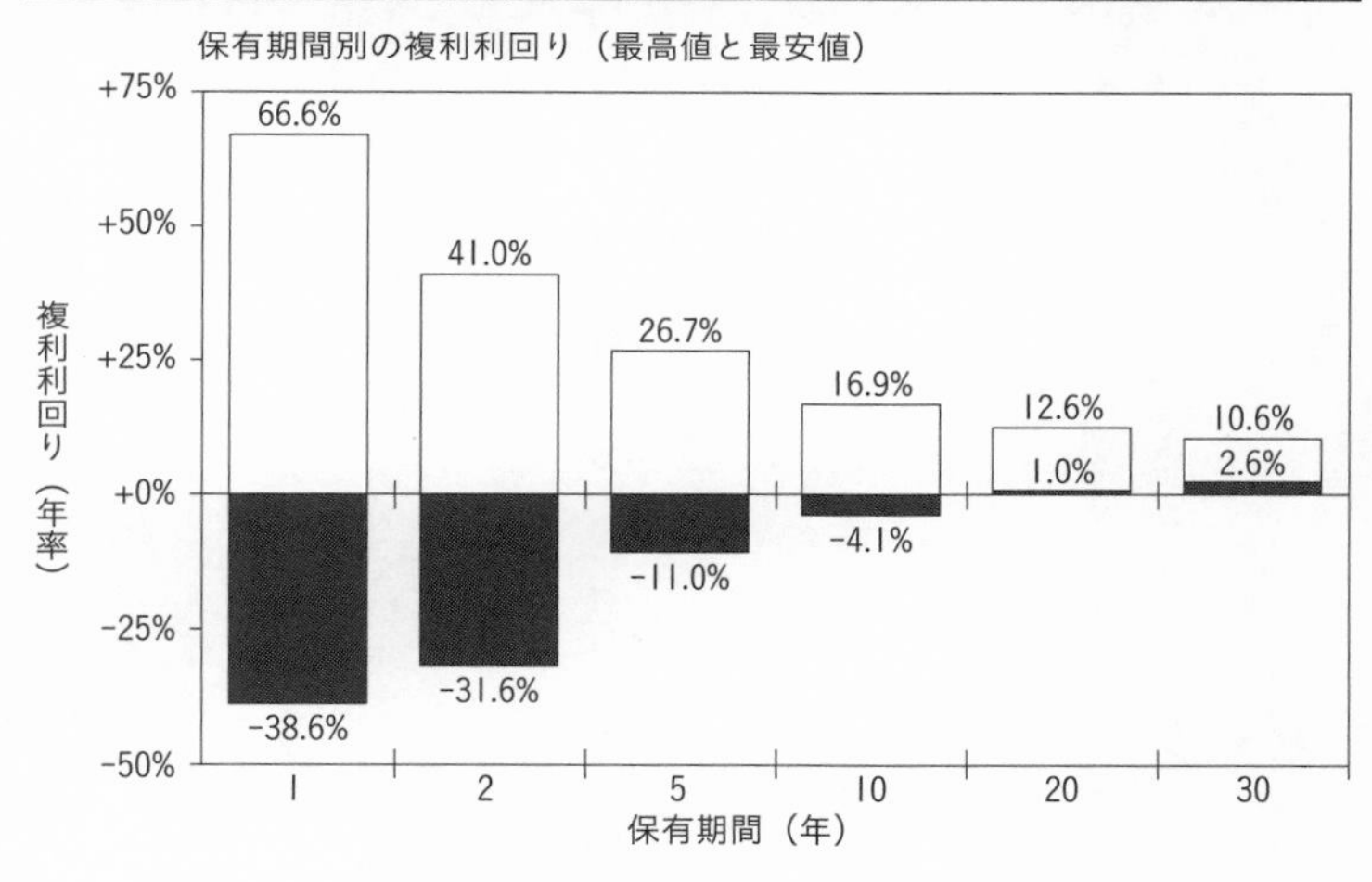

ス4・1%となっています。かなりブレ幅が抑えられています。

さらに保有期間30年で見ればプラス10・6%〜プラス2・6%となっています。

つまり、長期間保有することでブレ幅の大きい資産である株式も期待リターンに収斂（収束）していくことがわかります。

インデックス投資は実力を求めない代わりに、長期で運用することで利益が出る確率を高めていく手法です。長く続けることが前提になっています。言い換えれば、**実力を求めない代わりに長期投資を求められる**ということです。

長く続けるためには売らないこと、つまり、狼狽せずに暴落を乗り越える必要があるので、大暴落に備えて資産配分をしようといっているわけです。

ちなみに大暴落は「10年に1度起きる」と言われています。現在はどこの国も金融緩和をしており、暴落の火種はありとあらゆる場所に隠れています。「大暴落はこれまで以上に、起きる確率が高くなり、規模も大きくなる」と思っていてもいいと思います。

「リスク資産」と「非リスク資産」の組み合わせ割合から暴落のダメージを予測

ここまでで、「損失に焦点を合わせた資産配分を考えることの大切さ」を理解できたと思います。ここからはアセットアロケーション、資産組み合わせを考えていきましょう。

資産組み合わせの考え方を学ぶためには、相関性や標準偏差の考えなどを学ぶことが多く、それだけで1冊本が書けるほどです。本書では僕の方で資産の組み合わせによる下落率などをまとめた表を作成したので、こちらを参考にご自身の資産配分を考えてみてください（図24参照）。

図24　組み合わせによっては、かなり「美味しい」分散投資

リスク資産（株式等）	非リスク資産（債券等）	リーマンクラスの暴落時の想定損失率	期待リターン	想定リスク
100	0	-51.9	5.4	19.1
90	10	-46.4	5.2	17.2
80	20	-40.6	5	15.2
70	30	-35.1	4.8	13.3
60	40	-29.5	4.4	11.3
50	50	-24.1	4.1	9.4
40	60	-18.8	3.7	7.5
30	70	-13.5	3.3	5.6
20	80	-8.6	2.8	3.8
10	90	-4.6	2.3	2.3
0	100	-4	1.7	1.9

マイインデックス資産配分ツールにて著者作成
※データはリスク資産に先進国株式、非リスク資産に国内債券を使用

株式100％で運用した場合、過去20年間のデータを元に試算すると、期待リターンはプラス5・4％となります。なかなかのリターンですね。

一方で、リーマンショックと同等の大暴落が来た際にはマイナス51・9％の資産価値となります。100万円運用していたら48万円ほどになる下落率です。

これに耐えられないと思うなら、非リスク資産を組み入れていくといいでしょう。仮に非リスク資産を20％組み入れた場合、期待リターンはプラス5％になります。株式100％の時と比較して、0・4％だけリターンは下がりました。しかし、リーマンショックと同等の暴落時のダメージはマイナ

ス40・6％です。つまり、リターンを0・4％下げるだけで、下落率を10％も下げることができます。このように**組み合わせによっては、「リターンは少ししか下げずに、リスクをかなり抑えられる」**のが、分散投資の面白いところです。

しかし、注意してほしいのは今見ているデータはあくまでも過去のデータです。未来を約束するものではありません。よく僕は、「リーマンショックの時は暴落してから暴落前の株価に戻るまで、6年近くかかった」という話をします。すると、決まって「6年で戻るなら余裕」と言う人がいます。こういう発言は、想像力が足りないと言わざるを得ませんん。なぜなら当時の視点に立てば、6年で戻る確証などどこにもありませんから。自分が生きているうちに戻る確証のないまま、含み損を抱えた株式を持って、毎日を生きる。この痛みは、実際に体験してみないとわからないと思います。

さらに言えば、リーマンショックを超える暴落はあり得ます。1929年の「世界大恐慌」という、高値から約85％下落し、元値に戻るまでに25年かかった出来事だってあります。これと同じこと、それ以上のことが起きない確証はどこにもありません。**未来はいつだって不確実です。リスクをむやみに低く見積もることだけは、避けるべき**です。

インデックス投資は「世界を明るくする」ことにつながる？

少し悲観的な話をしてしまいましたが、それでも僕が投資をしているのは未来に対して明るい印象を持っているからです。なぜかと言うと、資本主義経済はさらに発展していくと考えているからです。そして、インデックス投資とは資本主義経済の発展に投資することだからです。

たとえば、世界にはまだまだ文化的な生活ができていない人がたくさんいます。『ファクトフルネス』（ハンス・ロスリングほか著）では、所得に応じてレベル1～4のグループ分けがされており、レベル1の人は約8億人います。このレベル1の人たちは、1日2ドルも稼ぐことができません。水を飲むためにプラスチックのバケツを持ち、裸足で数時間かけて歩き、ぬかるみに溜まった泥水を汲んでくる。生まれてこの方、口にしたことがあるのはお粥だけ。彼らは1日1ドルほどしか稼ぐことができない、「極度の貧困」と呼ばれる状況です。そんな人たちがこの世界に約8億人もいるのです。

日本は当然、所得が一番高いレベル4で、かつその中でも非常に恵まれた環境です。なぜなら、レベル4の人の数は、約8億人です。世界の人口は約70億人です。驚きませんか？　1日に32ドルを稼げない人が60億人以上いて、世界の85％を占めていることを。それでも、世界はずっと豊かになってきているのです。

1800年には、1日2ドルも稼げない人は全体の85％を占めていましたが、2017年では9％しかいません。そして、その流れは続いています。2040年には、1日2ドルも稼ぐことのできないレベル1の人は3億人減り、1日32ドル以上稼げるレベル4のグループは9億人も増えると予想されています。そうやって少しずつ世界は豊かになっていっているのです。多くの人が文化的な生活を送ることができることで経済は良くなり、その国の会社は利益を上げてきたのです。

その利益の一部を僕たちは投資信託を介して受け取ることができます。日本だけを見ていると暗い未来が見えるかもしれませんが、世界はずっとずっと良くなっています。格差を生む資本主義はベストなシステムではないと僕は思います。でも、ベターなシステムです。僕たちは投資信託をたった100円から買うことができ、全世界へ投資をすることができる。素晴らしいことだと思います。

日本人を含む先進国に生きる人たちは、世界の未来を悲観視してしまう傾向があると思うので、『ファクトフルネス』やマット・リドレーの『繁栄』のような楽観主義的な本を読むと気が楽になると思います。

税優遇されている制度を最大限に活用するコツ

投資をしていく上で気にするべきは、手数料ともう1つは税金です。次は税金について説明していきます。現在、投資で得た利益に対して20％（所得税15％・住民税5％）が課税されます。（※2037年（令和19年）12月31日までは復興特別所得税があり、正確には20・315％）

つまり、あなたが投資で100万円の利益を得たとしても税金を20万円支払うので手元に入ってくるのは80万円ということです。金額で見るとなかなか衝撃的な税率だと思います。現在、この利益に対する税金を非課税にするつみたてNISAなどといった制度が用意されていますので、投資をしていくのであれば使わない手はありません。

現在、日本には非課税優遇される制度の代表的な存在としてNISA制度があります。このNISA制度は、通常のNISAとつみたてNISAの2種類が用意されています。両方使うことはできず、どちらか一方を選択するようになっています。先に結論をいうと**長期投資をしていく上ではつみたてNISAの方が適していますので、僕は若い人にはつみたてNISAを使うことをオススメ**します。（若い人でなくても投資初心者はつみたてNISAから始めるといいと思います）

ゼロからわかる「つみたてNISA」講座

つみたてNISAとは何かというと、つみたてNISAという名前の口座だと思ってください。この口座で取引した際に関して利益は非課税にしますよ、という仕組みです。投資をする場合には金融機関で口座を作る必要があります。メガバンクや証券会社など様々な金融機関でつみたてNISAを始めることができますが、金融機関によって商品ラインナップも異なります。たとえば僕がつみたてNISAをしている楽天証券の場合、つみた

図25　つみたてNISAの概要

利用できる方	日本にお住まいの20歳以上の方（※1）（口座を開設する年の1月1日現在） ただし、つみたてNISAと一般NISAのどちらか一方を選択して利用可能
非課税対象	一定の投資信託への投資から得られる分配金や譲渡益
口座開設可能数	1人1口座
非課税投資枠	新規投資額で毎年40万円が上限（非課税投資枠は20年間で最大800万円）
非課税期間	最長20年間
投資可能期間	2018年～2042年
投資対象商品	長期の積立・分散投資に適した一定の投資信託 ○たとえば公募株式投資信託の場合、以下の要件をすべて満たすもの ・販売手数料はゼロ（ノーロード） ・信託報酬は一定水準以下（例：国内株のインデックス投信の場合0.5%以下）に限定 ・顧客1人ひとりに対して、その顧客が過去1年間に負担した信託報酬の概算金額を通知すること ・信託契約期間が無期限または20年以上であること ・分配頻度が毎月でないこと ・ヘッジ目的の場合等を除き、デリバティブ取引による運用を行っていないこと

出典：https://www.fsa.go.jp/policy/nisa2/about/tsumitate/overview/index.html

てNISAの対象商品は170本ありますが、I銀行（名前は伏せます）の場合、20本しかありません。商品数が少ないことは選びやすいという意味でいいですが、絞られた商品が手数料の安いベストな商品であるとは限りませんので、特別な事情でもない限り、ネット証券を使うことをオススメします。

では、仮にネット証券で口座を開設するとしましょう。まず、通常の口座（特定口座など）を開設する必要があります。そして、それとは別でつみたてNISAという名前の口座も作るということです。つみたてNISAだけを使用することはできます。銀行で置き換えると、普通預金とは別に定期預金も作れるようなイメージです。つみたてNISAにはいくつかルールがあるので、それを確認していきましょう。

つみたてＮＩＳＡで買えるのは投資信託のみ

つみたてＮＩＳＡで購入できるのは投資信託のみと決まっています。つまり、個別株などは購入することができません。また、選べる投資信託も限定的です。楽天証券の投資信託サーチ機能を使ってみると、投資信託だけだと２６９８本がヒットしますが、つみたてＮＩＳＡ対象の投資信託は１７０本のみとなっています（２０２1年2月13日現在）。なぜかというと金融庁が数ある投資信託のうち、「長期分散投資に適した投資信託以外は除外する条件」を設けているからです。その条件の一部を紹介します。

・販売手数料はゼロ（ノーロード）
・信託報酬は一定水準以下（例：国内株のインデックス投信の場合0・5%以下）に限定
・顧客1人ひとりに対して、その顧客が過去1年間に負担した信託報酬の概算金額を通知すること
・信託契約期間が無期限または20年以上であること

条件を見ると、「顧客を食い物にする手数料が高い投資信託」や「運用期間が20年に満たず長期投資に適さない商品」を除外する条件だということがわかります。簡単に言うと

「ハズレ商品」を除外してくれているということですね。

非課税投資枠は毎年40万円が上限

次の条件としては、「毎年投資できる金額は40万円まで」と上限が設定されていることです。たとえば2021年につみたてNISAを開始したとします。あなたは今年100万円を投資したいと考えていたとしても、2021年につみたてNISAで投資信託を購入できるのは40万円までになります。もちろん来年になれば、また40万円分の投資信託を購入することができるようになります。

もし、あなたがどうしても2021年に100万円を投資したいという場合は、つみたてNISA以外の特定口座などで残り60万円を投資することになります。なぜ、上限を設けているかというと、無限に投資枠を与えると富裕層への税優遇につながる、もしくは、国の税収入が減るので上限があるという認識でいいと思います。

投資可能期間は「２０４２年」まで延長された

つみたてＮＩＳＡは、制度が始まった当初は２０１８年〜２０３７年の期間となっていました。しかし、令和2年の税制改正による5年延長が決まり、２０４２年までとなっています。つまり２０２１年〜２０４２年の22年間毎年40万円の投資枠があるということです。２０２１年からつみたてＮＩＳＡを始めると、最大８８０万円（40万円×22年）の投資枠があるということです。

投資枠の再利用はできない

毎年の投資枠の40万円ですが、再利用は不可能です。たとえば、２０２１年1月10日に40万円分投資信託を購入したとしましょう。そして、２０２１年2月10日に、訳あって資金が必要となり、購入した投資信託を40万円分全額売却するとします。この後にまた投資資金を用意でき、２０２１年のつみたてＮＩＳＡ枠を使おうと思っても、使うことはできません。一度購入すると売却後も枠が使用済ということになり、再利用ができないというわけです。

つみたてＮＩＳＡは、短期売買を目的として用意されている制度ではなく、長期保有が前提なので、枠の再利用ができないようにしているのだと思います。

使用していない投資枠の繰り越しもできない

毎年の40万円の投資枠を使い切らなかった場合、どうなるのでしょうか。スマホのパケットは、使わなかったパケット分は翌月に繰り越しできますよね。ですが、つみたてＮＩＳＡは繰り越しができません。単純に1年間40万円の投資枠は、使っても使わなくても変わらないということです。

図26 「再利用」や「繰り越し」はできない

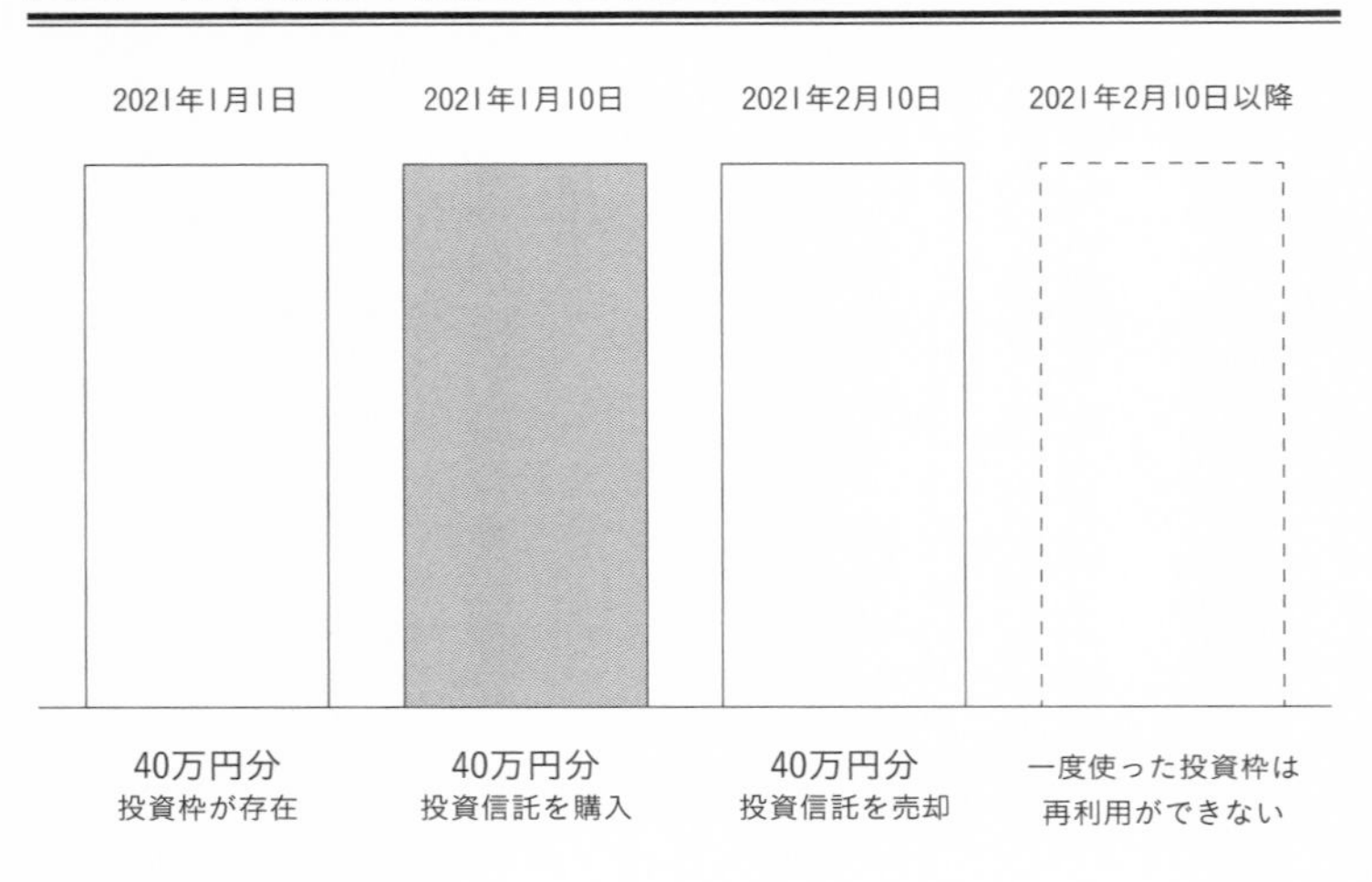

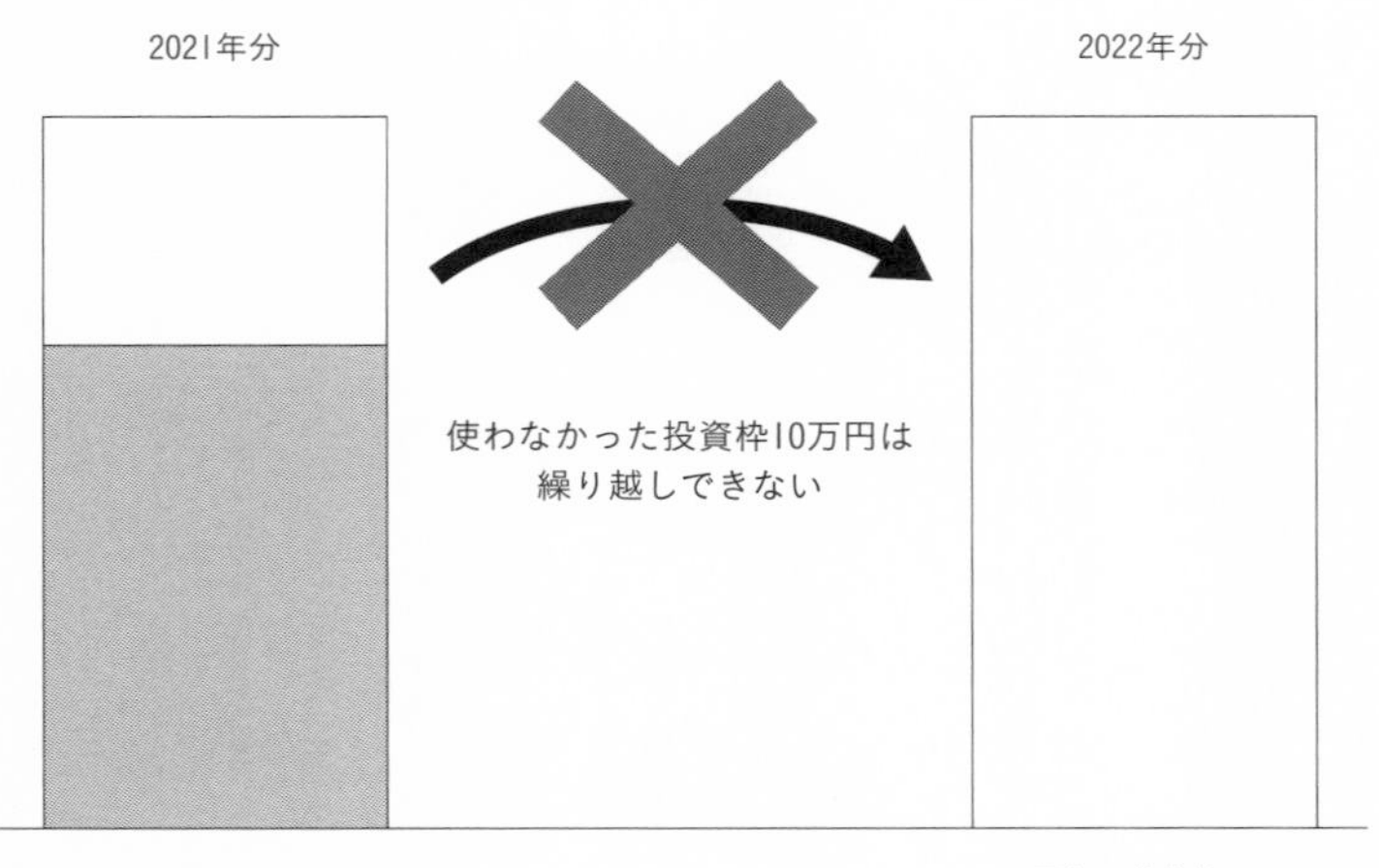

非課税で保有できる期間は最長20年間

つみたてＮＩＳＡの制度は投資初心者に向いているのに、制度の仕組みが初心者向きではありません。いつも説明しながら感じています。ですが、あと一息ですので頑張りましょう。最後に非課税で運用できる期間は、最長で20年間ということも覚えておきましょう。

投資できる枠は、説明してきたとおり毎年40万円です。たとえば２０２１年に40万円を投資したとします。売却はいつでも可能ですが、保有する期間は最長で20年と決まっています。つまり、２０２１年に購入した40万円分の投資信託は、２０４０年までしかつみたてＮＩＳＡでは保有できないということになります。

２０２１年に購入した40万円分の投資信託が、２０４０年に仮に80万円になっていたとします。利益は非課税ですので、そっくりそのまま80万円を手にすることができます。現金で受け取ることもできますし、もしくは特定口座（通常どおり利益には課税する口

図27　非課税期間は20年間だけ

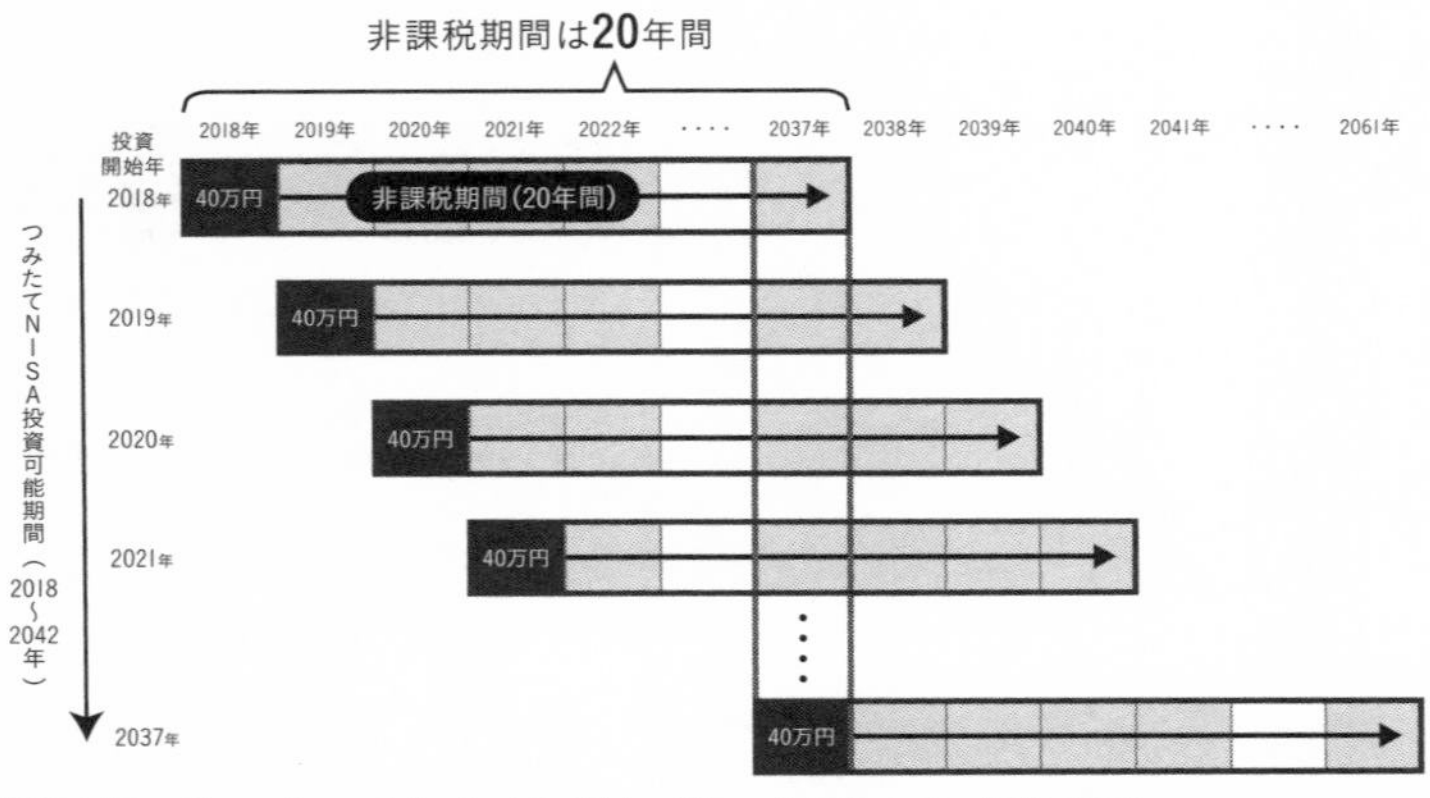

出典：https://www.fsa.go.jp/policy/nisa2/about/tsumitate/overview/index.html

座）に投資信託を移し替えることができます。

仮に特定口座に移した場合、その80万円を原資として、利益が出た場合は通常どおり課税されます。

このように毎年40万円の投資枠が20年後に終わりを迎えます。かなり先の話ですが、2042年に投資した40万円は2061年に終わりを迎えることになります（ちなみに2061年だと僕は75歳です）。

「NISA制度」とは何か?

僕は通常のNISA制度は使っていませんし、長期投資する方にはオススメしていません。でも、一応比較のため簡単に通常NISAも解説しておきます。興味がない方は、次の「若い人にiDeCoをオススメしない理由」まで飛ばしていただいて構いません。

通常NISAはつみたてNISAと比較すると、つみたてNISAを「厚く短く」したような制度です。1年間の投資枠は120万円、投資対象は投資信託に限らず株式なども対象となっています。非課税期間は5年(ロールオーバーすれば10年)です。

つみたてNISAは毎年40万円、期間は20年ですので、通常NISAより「薄く長く」の制度です。なぜ僕が通常NISAではなく、つみたてNISAを勧めているかというと、135ページのジェレミー・シーゲルの図23にあったとおりです。投資期間が短いとリターンのブレ幅が大きく、マイナスで終わる可能性が高くなります。

制度設計上、20年の投資期間があるつみたてNISAの方が長期投資には適しています。インデックス投資をしていくのであれば、つみたてNISAを使用することを僕はオススメします。

若い人にiDeCoをオススメしない理由

非課税優遇されている制度としてiDeCo（イデコ）も存在しています。個人型確定拠出年金の愛称が、iDeCoです。

iDeCoは、自分の老後資金のために投資していく制度です。毎月つみたて投資をして、60歳以降に受け取ります。この毎月つみたてする資金を拠出金と言いますが、拠出金全額が所得控除となります。非課税メリットという点では、つみたてNISAを上回ります。

ちなみに全額が所得控除と言っていますが、税金が拠出金だけ少なくなるわけではないので注意してください。年収300万円の方であれば、年間10万円の拠出金に対して所得税と住民税が1万5000円ほど少なくなります（所得税率5％、住民税率10％と仮定）。

「所得税や住民税が少なくなるなら、iDeCoの方がいい」と思うかもしれません。しかし、**iDeCo特有の強烈なデメリットがあります。それは、基本的には「一度拠出した資金は、60歳まで引き出すことができない」ということです。僕は、これを理由に若い人にiDeCoをあまり勧めていません。**

20代の人が老後を迎えるまでに、大きな資金が必要となるライフイベントには、どんなものがあるでしょうか？　結婚、出産、住宅購入、子供の教育費などが代表的です。もしかすると、事業を始める可能性があるかもしれません。事業を起こすために、大きな資金が必要になる可能性があります。

「将来はどうなるかわからない」という不確実性は若い人ほど高いのに、60歳まで引き出すことができないなんて、若いうちは使いづらいと思いませんか？

裏を返せば強制的に老後資金を貯められる制度ではあるのですが、非課税メリットだけ

図28　引き出し用件が、すごく厳しい……

確定拠出年金は、原則、60歳まで資産を引き出すことができません。
ただし、以下の5つの要件をすべて満たす場合は、
60歳未満でも脱退一時金として資産を受け取ることができます。

＜支給要件＞

1. 国民年金の第1号被保険者のうち、国民年金保険料の全額免除又は一部免除、もしくは納付猶予を受けている方
2. 確定拠出年金の障害給付金の受給権者ではないこと
3. 通算拠出期間が3年以下、又は個人別管理資産が25万円以下であること
4. 最後に企業型確定拠出年金又は個人型確定拠出年金(iDeCo)の加入者の資格を喪失した日から2年以内であること
5. 企業型確定拠出年金の資格喪失時に脱退一時金を受給していないこと

※1. の要件は、日本国の国民年金保険料の免除を受けていることが必要であり、
外国籍の方が帰国後に国民年金の加入資格がなくなった場合は、これに該当しません。

出典：https://www.ideco-koushiki.jp/join/#procedure　※書籍執筆時点（2021/2/13）

に惹かれて選択するのは危険だと思います。個人的には、30代になって人生の方向性がある程度定まってからでも、遅くないと思います。30代になると、すでに結婚していたり、子供がいる可能性が20代より高まっているからです。

また「家を買うのか、賃貸で行くのか」なども、20代よりかなり明確になっているので、自分の人生で必要な資金はどれくらいかの目処が立ちやすいです。それらの資金計画をしっかり立てた後、ｉＤｅＣｏをする方がいいと僕は思います。

迷ったらオススメしたい「代表的な投資信託」3種

ここまで読んでいただければ、僕がつみたてNISAを利用してインデックスファンドのつみたて投資を勧めていることはわかっていただけたと思います。あとは実際に証券会社の口座開設をして、つみたてNISAをスタートするだけです。

ちなみに、証券会社の口座開設の具体的な流れは僕のYouTubeチャンネルで解説している動画『【投資初心者向け】オススメ投資法から証券会社の申し込み方法まで全てレクチャーします!』を、ご参照いただければと思います（少し宣伝も混じってますが）。

さて、投資信託の選び方はそれほど難しくなく、**投資したい対象の投資信託同士を比較して手数料の安いものを選んでいけばハズレを選ぶことはありません**。インデックスファンドは解説したとおり、ベンチマークと同等の結果を求めます。そのため、異なる投資信託であっても、ベンチマークが同じであれば基本的に結果も同様になります。

そうなると、差が生まれるのは手数料によりますので、同じベンチマークの場合、手数料の安い投資信託を選ぶのが合理的です。

では、代表的な投資信託をいくつかピックアップしておきたいと思います。ここで紹介した投資信託がベストというわけではありません。今後投資信託を選ぶ際の参考にしていただければと思います。

eMAXIS Slimシリーズ

三菱UFJ国際投信株式会社が展開している「eMAXIS Slim シリーズ」は手数料が最低水準で、業界全体のコストダウンに貢献しています。その結果、多くの方に選ばれており、純資産総額が多いです。迷ったらeMAXIS Slim シリーズを選ぶといいですね。

※純資産総額とは預かり資金の総額です。純資産総額が少なすぎる投資信託は、途中で運用が終了することがあるので、避けることをオススメします。投資信託が終了することを「償還」と呼びます。

ちなみに、eMAXIS Slimとは別にeMAXIS シリーズも存在しています。

ただし、こちらはコストが高い傾向があるので、間違えないように気をつけてくださいね。

ニッセイ〈購入・換金手数料なし〉シリーズ

「ニッセイ〈購入・換金手数料なし〉シリーズ」はeMAXIS Slimシリーズが出てくるまでは低コストの代表的な存在でしたが、eMAXIS Slimシリーズが出てからは2番手となりました。

eMAXIS Slimシリーズが手数料を下げると、ニッセイ〈購入・換金手数料なし〉シリーズも頑張って追従していますが、eMAXIS Slimシリーズとほぼ同等、もしくは若干の手数料負けをしています。

基本的に**今から投資信託を買い始める人は、eMAXIS Slimシリーズで問題ない**と思いますが、一応ピックアップしておきました。

楽天・バンガード・ファンドシリーズ

こちらも比較的新しいシリーズです。こうやって書いていると僕が投資を始めた頃より、新しい良い投資信託が増えたなと感じます。「楽天・バンガード・ファンドシリーズ」の代表的な投資信託は、「楽天・全米株式インデックス・ファンド」と「楽天・全世界株式インデックス・ファンド」です。名前にあるとおり、全米の会社に投資する投資信託と、全世界の会社に投資する投資信託です。

同じく全米や全世界に投資できる投資信託は、eMAXIS Slimシリーズにも存在しています。ベンチマークが異なるので全く同じではありませんが、おおよそ同じといっても過言ではないでしょう。ちなみに僕がつみたてNISAで買っている投資信託は、楽天・全世界株式インデックス・ファンドです。

この紹介した3つのシリーズから選んでおけば失敗はないと思います。投資信託を選ぶ際に悩んだら参考にしてください。

※記載情報は、2021／02／13時点の情報に基づく

まとめ
Summary

投資の前に貯蓄が必要な理由

・インデックス投資は途中で止めると失敗する可能性が高い
・継続してつみたてしていくためには生活防衛資金である貯蓄が一定額必要
・生活防衛資金の目安は200万円。まずは100万円を目標に貯蓄

投資信託とは？

・みんなでお金を出し合って少額から投資できる商品
・100円から買えて、全世界の株式会社に投資できる優れた商品
・必要手数料は「購入手数料」「信託報酬」「信託財産留保額」の3つ
・ネット証券では購入手数料がかからないノーロードが主流なので、こだわりがなければネット証券がオススメ
・投資＝ハイリスク、ではない。ローリスク・ローリターンな債券という資産もあり、債券に投資する投資信託もある

ドルコスト平均法とは？

・一定のペースで一定額を買い続ける手法
・安いときに買って高く売るのが投資の基本だが一番難しい
・自動的に安いときに多く買って、高いときには少なく買うドルコスト平均法は弱者の戦略
・一括投資で失敗するケースでも、ドルコスト平均法では利益が出る可能性がある

インデックスファンドをオススメする理由

・投資信託には大きく分類すると「インデックスファンド」と「アクティブファンド」がある

・アクティブファンドは良い成績を出そうとするので、手数料が高い
・インデックスファンドはベンチマークと同等の成績を出そうとするので、手数料が安い
・多くのアクティブファンドはインデックスファンドに負ける。日本でもアメリカでも同様の結果が出ている
・良いアクティブファンドを選ぶのは非常に難しいので、初心者はインデックスファンドから始めよう

資産配分を決めることが最重要

・10年に1度のペースで大暴落は起きている
・インデックス投資は20年ほどの継続が求められるので、大暴落を乗り切る必要がある。そのため、暴落のダメージを想定した資産配分を行う必要がある
・人間は損失に敏感な生き物。損失が出そうになったとき、僕たちは理論ではなく感情で動く
・インデックス投資は資本主義経済の発展に投資している

つみたてNISAとは？

・投資の利益には本来20%の税金が必要になるが、つみたてNISAは非課税になる　※復興増税分除く
・選べる商品は決まっている。金融庁がハズレ商品を除外
・年間で投資できるのは40万円まで。繰り越しや枠の再利用などはできない
・2042年まで新規買い付けができるようになっている
・各年に購入した投資信託は最長で20年間、非課税で運用することができる
・一般NISAはつみたてNISAと比較すると、「太く短い」仕組みになっている
・iDeCoは60歳まで引き出し制限があるため、20代などの若い人にはオススメしない

第6章

老後のお金の不安を9割減らす
「たった1つの方法」

最後の章では年金に対する漠然とした不安を払拭するお話をしたいと思います。

僕たちが老後に対して不安を持つ原因は、「年金だけでは生活できないから」に尽きると思います。これは間違いではないのですが、煽られすぎているテーマでもあります。年金がネガティブキャンペーンの対象になる理由はシンプルです。「老後は年金だけでは生活することができない」と思ってもらう方が得する人が多いからです。

マスコミは悲観的なニュースを好みます。悲観的なニュースの方がよく見られるからです。「Aくんは奨学金を無事返せています」というニュースと、「Bくんは奨学金の返済に苦しめられています」という2つのニュースがあったら、どっちをクリックしますか？Bくんのケースではないでしょうか？

奨学金を滞納しているのは、全体の1％です。でも、一部のマスコミは割合ではなく人数で報道してアクセスを集め、まるで、奨学金を「高利貸しビジネス」であるかのように報道しています。しかし、奨学金の金利は超・超・超低金利です。2020年3月に卒業した学生の奨学金の金利は0・07％。300万円を借りて20年で返済しても、トータルの利息は約2万円です。奨学金を「高利貸しビジネス」と煽るジャーナリストの皆様は、住宅ローンをいくらで借りているのか気になるところです（ジャーナリスト全般が悪いように言うつもりはありません）。

他にも、老後不安を煽ることで儲かる人はたくさんいます。金融機関やファイナンシャルプランナーもそうですね。「老後は年金だけで安心です」なんて言ってしまえば、誰も投資なんてしないですから。老後不安がある方は、投資に興味を持たざるを得なくなりますよね。僕も、多くの人が老後不安を抱えているからこそ、この本を出版できたのだと思います。

ですが、僕はあえて老後不安を解消するお話をしようと思います。正確には、年金という制度を正しく伝えることで、過度な不安を取り除こうと思います。

年金は保険。死亡・障害・老後（長生き）の3つの保障が付いている

年金という制度を正しく認識する上で大切なことは、年金制度とは防貧機能を持つセー

フティネットであると理解することです。防貧とは、「貧困を防ぐ」ということです。もし老後に年金がなかった場合、最低限の生活すらできないですよね。貧困に陥ることを防ぐのが、年金の役割の1つです。

ちなみに生活保護は救貧制度です。貧困から救う制度ですね。そして年金は保険だということです。年金は老後にお金を受け取るイメージが強いと思いますが、年金には大きく分けて3つの保障が付いています。

「年金は、死亡・障害・老後（長生き）の3つの保障が付いた保険」と、僕はよく言います。

①死亡保障

年金を受け取っているときに限らず、払っているときに万が一のことがあれば、あなたの収入で生活していた家族は困ってしまいますよね。その時に年金は条件を満たせば、「遺族年金」という形で、遺族が最低限の生活を送るための年金を支給します。

②障害保障

年金を払っているときに事故などで働けなくなってしまったら、収入を得ることが難しくなります。そんな時に条件を満たせば、「障害年金」として最低限の生活をするための年金が支給されます。僕の友人は20代で難病にかかり働くことができなくなり、障害年金で生活していました。

③老後の保障

老後の年金は、ご存知のとおりですね。現在65歳から年金を受け取ることができるようになっています。この老後の年金ですが、損得勘定でよく「受け取り損」的な話をされます。どういうことかと言うと、「たくさんの年金保険料を払ってきたのに、早く死んでしまったら、払った分より少ない年金しか受け取っていないから、もったいない」という意見です。

「早く死んだら、年金は払い損」がナンセンスな理由

もっともらしく聞こえますが、年金は保険です。保険に対して「受け取れなかったから、

損だ」という意見は少しナンセンスだと思いませんか？

たとえば、死亡保険で考えてみてください。30代で死亡する可能性は高くありません。平成30年度の人口動態統計月報年計によると、30〜34歳で亡くなる方の人数は10万人中3114人、35〜39歳で亡くなる方の人数は4606人です。合わせると7720人です。10万人中ですので割合にすると7・7％。そのうち、約半数が自殺やその他の理由となっていますので、事故か病気で亡くなる割合は、3〜4％と考えられます。決して高い確率ではないです。

では、この死亡保険に対して、「払い損だから入らない方がいい」と思いますか？　そんなわけないですよね。「低い確率だけど、経済的なダメージが大きいから保険が必要だ」とお話ししましたよね。

火災保険に加入して、「火事にならずに、保険からお金がもらえなくて払い損」なんて言う人を見たことがないですよね。**僕たちが払う年金保険料には老後の保障だけでなく、死亡・障害の保障も含まれている**ことを忘れてはいけません。

年金は「長生き」に対する保険

さらに、「老後の年金も保険」という考え方で深く見ていきましょう。老後の年金はどのリスクに対する保険なのでしょうか。それは「長生き」です。僕たちは長生きすることが1つのリスクとなっています。

正確には、「長生きするための資金が枯渇するリスク」です。リンダ・グラットンの共著『ライフシフト』によると、平均寿命は今後も延びると言われています。一部を引用して、自分が何歳まで生きる可能性があるかを確認してみましょう。

日本では、2007年に生まれた子供の半数が107歳より長く生きると予想されるが、この数字はその後も延び続けている。2014年に生まれた子供の場合、その年齢は109歳だ。100年前の人が100歳まで生きる確率はごくわずかだった。今8歳の子供が100歳まで生きる確率はかなり高い。ではその中間の世代はどうなのか？つまりあなたはどうなのか？　端的に言えば若い人ほど長く生きる可能性が高い。10年ごとに平均2〜3年のペースで平均寿命が上昇していることを考えると、2007年生まれの人の50%が達成する年齢が104歳なら、10年前の1997年生まれの人の場合、その年齢は100歳〜102歳という計算になる。さらに10年前の1987年に生まれた人は、98歳〜100歳だ。1977年生まれは95歳〜98歳、1967年生まれは92歳〜96歳、1957年生まれは89歳〜94歳となる。

僕は1986年生まれなので、「98歳〜100歳まで生きる可能性が半分ある」ということになります。本書を手に取られている方は、僕より若い人が多いと思うので、100歳以上まで生きる確率が高いことになります。

人生100年時代における「甘くない人生設計」

僕たちは言ってしまえば「100歳まで生きる時代」に存在しています。日本に年金制度ができたのは1961年です。当時の男性の平均寿命は約65歳、女性の平均寿命は約70歳でした。そして年金の支給開始は55歳でした。つまり、年金とは10〜15年受給する程度の設計です。「これほどまで長生きするとは、想像もしていない頃に作られた制度」ということがわかります。

現在の男性の平均寿命は約80歳、女性の平均寿命は約86歳です。年金支給は65歳ですので、15~20年の受給となっています。将来、寿命がさらに延びることを考えると、「65歳から年金だけで生活するライフプランには無理がある」としか言えません。

時代と共に医療や周りの環境がとてつもないスピードで変化し続けているのに、「年金の受給開始時期やリタイヤ時期だけはずっと変化しない」と考えるのには無理があります。「働きたくない」という気持ちはわかりますが、幻想をベースに人生設計するのはどうかと思います。現実的な人生設計をする方が、よほど有意義です。

では、「僕は人生設計をどうしているのか?」をこれから話します。先に結論を言うと、**「75歳まで働くこと」**です。

年金受給額を1・84倍にする方法とは？

今現在、65歳が年金の支給開始年齢となっています。しかし、望めば60歳から受け取ったり、75歳まで受け取りを先延ばしすることが可能です。

65歳から受け取るはずの年金を、65歳よりも早く受け取ることを「繰り上げ受給」と言います。反対に、65歳から受け取るはずの年金を65歳以降へ受け取りを遅らせることを「繰り下げ受給」と言います。だったら、「早く受け取る方が得じゃん」となりそうですが、これがそうでもなくて、よくできている仕組みなのです。

「繰り上げ受給」をすると年金額は減額され、「繰り下げ受給」をすると年金額は増額されます。増減する金額は後ほどお話ししますが、「いつ受け取りを始めても、平均的な死亡年齢まで生きた場合の受取総額が同じ金額になる」ように調整されています。薄く長く受け取るか、濃く短く受け取るかの違いでしかありません（図29参照）。

図29　繰り下げは年金を最高で「1.84倍」にする

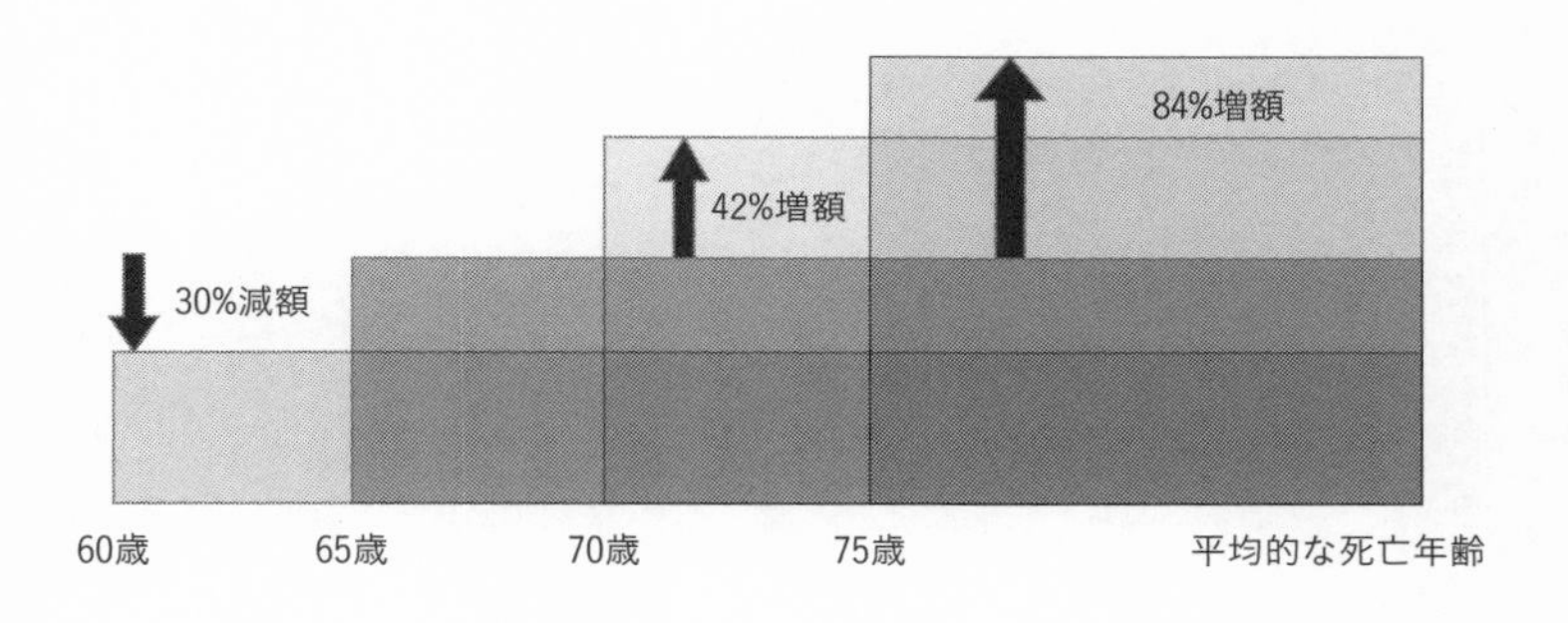

出典：https://www.mhlw.go.jp/stf/seisakunitsuite/bunya/0000147284_00006.html

増減されるこの割合ですが、繰り上げ受給の場合1ヶ月につき0・5％減額されます。減額される割合は、早く受け取った年の年金額だけではなく、将来にわたりずっと減額が適用されます。

たとえば、60歳から年金を受け取るとします。減額割合は、0・5％×12ヶ月×5年＝30％です。仮に本来の年金額が100万円なら70万円となります。この70万円の年金を60歳から亡くなるまでずっと受け取ることになります。

反対に受け取りを遅らせる繰り下げ受給の場合、1ヶ月につき0・7％増額されます。最長75歳まで受け取りを遅らせることが可能です。もし75歳まで繰り下げた場合、「0・7%×12ヶ月×10年＝84%」となります。

仮に本来の年金額が100万円だとすると、184万円となります。この184万円の年金を亡くなるまでずっと受け取ることになります。この繰り下げ受給が、僕たち世代にとってはポイントだと考えています。年金は損得ではないと言いましたが、あえて損得の面から考えてみましょう。75歳まで繰り下げ受給しても80歳で亡くなれば繰り下げ受給した方が損をすることになります。

しかし、反対に長生きした場合、繰り下げ受給した方が圧倒的に得をすることになります。本来の年金額100万円の例をベースに考えてみましょう。

60歳から繰り上げ受給をして、70万円の年金を80歳まで20年間受け取ると、合計1400万円となります。反対に繰り下げ受給し、75歳から受け取った場合、184万円の年金を5年間受け取ると、合計920万円となります。80歳まで生きると仮定すると、繰り上げ受給の方が得になりました。

でも、これが85歳まで生きる、と仮定するとどうなるでしょうか？　繰り上げ受給の場合は、1750万円（70万円×25年）です。一方、繰り下げ受給の場合1840万円（184万円×10年）となり、損得が逆転しました。当然、長生きすればするほど、繰り下げ受給の方が総受給額は多くなります。

長生きリスクを「ヘッジする」考え方

長生きリスクに弱いのは、繰り上げ受給と繰り下げ受給のどちらでしょうか？　正解は繰り上げ受給の方ですね。つまり**長生きリスクに対してヘッジ（備え）できるのは、繰り下げ受給**だということがわかります。

だから、僕は元気なうちは働いて得た収入で生活し、働けなくなったときから年金だけで生活できるのが理想的だと考えています。今の人も、60歳で退職した後、2／3程度の方は65歳まで働かれています。将来的にはもっと長く働く時代になっていると思います。長く働くことは、悪いことばかりではありません。とある企業の人事担当の方に聞いたのですが、大病を患うのは「60歳で仕事を退職した2～3年後」が多いそうです。

図30　年金が「長生き」に対する保険ならば、選択すべきは……

請求時の年齢	60歳	61歳	62歳	63歳	64歳	65歳	66歳	67歳
減額・増額率	△30%(△24%)	△24%(△19.2%)	△18%(△14.4%)	△12%(△9.6%)	△6%(△4.9%)	-	8.4%	16.8%
請求時の年齢	68歳	69歳	70歳	71歳	72歳	73歳	74歳	75歳
減額・増額率	25.2%	33.6%	42%	50.4%	58.8%	67.2%	75.6%	84%

（参考）繰上げ・繰下げによる減額・増額率
減額率・増額率は請求時点（月単位）に応じて計算される。
・繰上げ減額率＝0.5%※×繰り上げた月数（60歳～64歳）
※繰上げ減額率は令和4年4月1日以降、60歳に到達する方を対象として、1月あたり0.4%に改正予定。
・繰下げ増額率＝0.7%×繰り下げた月数（66歳～75歳）

出典：https://www.mhlw.go.jp/stf/seisakunitsuite/bunya/0000147284_00006.html

仕事はストレスの原因ですが、何もしていないこともストレスになり病気の原因になるということです。

とはいえ、75歳まで体力仕事は難しいと思います。だからこそ、自己投資が大切です。僕は昔印刷工場で働いていましたが、バリバリの体力仕事でした。あの仕事を75歳まで続けることは無理です。役者時代、牛丼屋さんでアルバイトをしていましたが、あの仕事も75歳まで続ける自信はありません。

ですが、今の仕事なら75歳まで続けられる自信はあります。自己投資は自分の資本価値を高めることですので、自分の価値が上がれば仕事を選ぶ際の選択肢が増えます。僕は28歳でフリーランスになることを決めました。なんとなく決めた部分が大きいですが、それでも長く働くことは意識していました。

「高卒の28歳フリーターが就職しても、逆転のチャンスはないだろうな」と思って、学歴の問われないフリーランスを選択しました。その後、たくさんの苦汁をなめてきましたが、自己投資を繰り返し、少しずつ資本価値を高めることで、望む仕事をすることができるようになりました。

僕は自己投資をしていて、本当に良かったと思っています。だからこそ、本書でも若いうちは「株式投資より自己投資」というお話をしています。**これから長く働くことがスタンダードになる世代の人にとって、自己価値を高める自己投資は必須**ではないでしょうか。

現状の年金制度が「維持された場合の年金額」を試算しよう

独身の場合の年金額の試算

では、実際に年金の金額を使って将来の年金額を想像しながら、老後不安を解消していきましょう。年金を受け取れる金額は、簡単に試算することができます。インターネットで「年金　試算」と検索すると、たくさんの年金試算ツールがヒットします。これらを使うことで計算式を覚える必要はなくなりますが、知っておくと良いのは、「40歳前後の年収」と「年金の加入期間」の2つがあれば、ざっくりと将来の年金の見込額を試算することができる、という点です。

ここでは、社会保険労務士PSRネットワークさんの簡易年金試算ツールを使用して、計算をしてみましょう。たとえば22歳で会社員になり、60歳まで勤続した場合、20～22歳の2年間は国民年金に加入し、22歳～60歳は厚生年金に加入することになります。簡単に説明しておくと、「国民年金」とは自営業者やフリーター、学生などが加入し、「厚生年金」は会社員や公務員が加入します。

そして、38歳時点の年収をボーナスを含めて400万円とします。この金額は手取りではなく、税金や年金保険料などが天引きされる前の金額です。一般的に「年収」と呼ぶのは、税金や年金保険料などを引く前の金額です。この条件で試算をした場合、年間の年金額は約164万円となります。1ヶ月当たり約13・6万円です。ここから所得税などを支払うことになるので、おおよそ「11万円弱が使えるお金になる」と想像することができます（図31参照）。

図31　ザックリと将来の年金の見込額を試算できる

1）　生年月日と性別を入れてください。（必須）

昭和 [61] 年 [03] 月 [15] 日生

（例：昭和 30 年 05 月 01 日　半角数字）

性別　○ 男　◉ 女

2）　サラリーマンとして厚生年金を支払った年数を入れてください。（必須）

[38] 年 [0] ヶ月　（半角数字）

その間の平均年収 [400] 万円　（半角数字）

（わからない方は、38 歳時点の、ボーナスを含む金額を入力してください）

3）　学生の期間（追納した期間）、自営業の期間、転職までの間の期間等で、国民年金だけに加入した期間を入れてください。

[2] 年 [0] ヶ月　（半角数字）

※年金は原則として 25 年（平成 29 年 8 月から 10 年）受給期間を満たさないと受け取れません。
※2)、3)で入力する期間の合計は 40 年が上限となります。

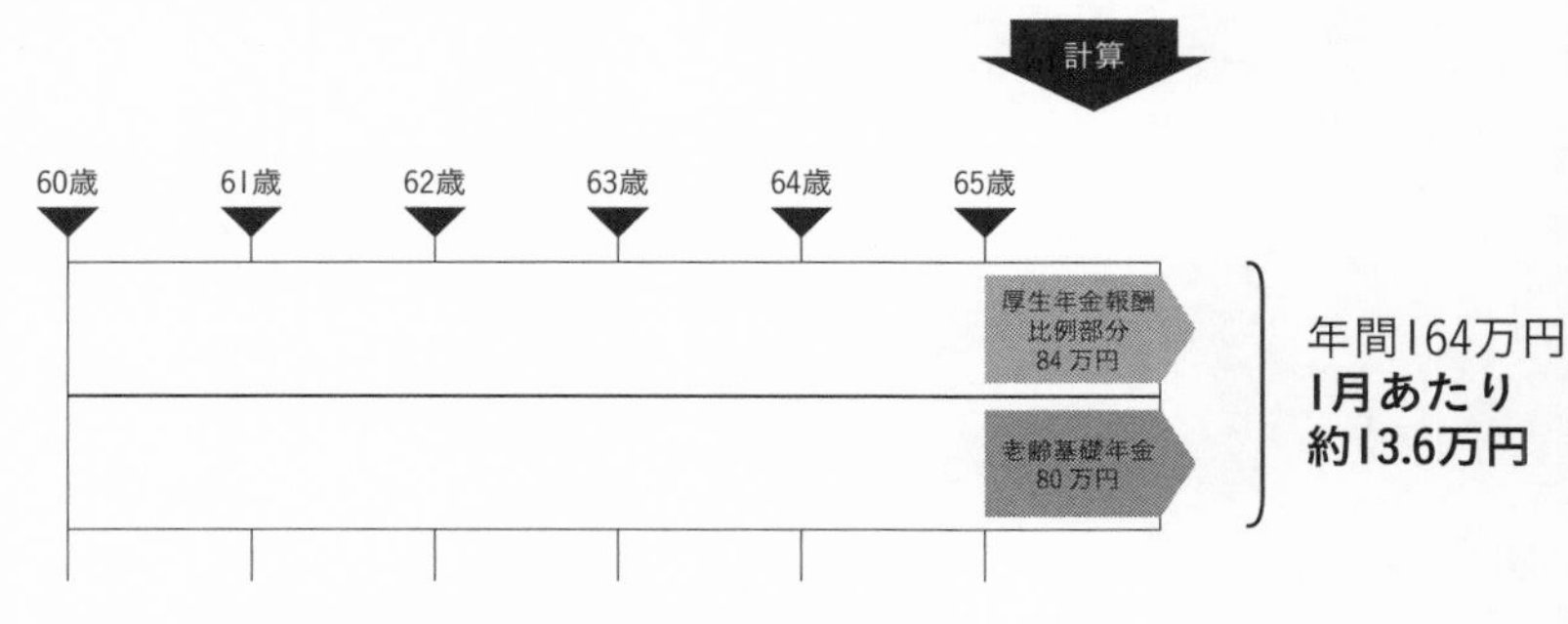

あなたは 65 歳から、約 84 万円の報酬比例部分の年金が受取れます。
65 歳から、合計約 164 万円の年金が受取れることになります。

もし、この方が生涯独身でいる場合、「現行」の年金額が維持されたとして、毎月11万円くらいが使える金額となります。現行の、という言葉がミソです。年金はマクロ経済スライドという機能により、将来の受取額が少なくなることが決まっています。このマクロ経済スライドについては後ほど解説します。

共働きの場合は2人分の年金が老後の生活費になる

先ほどの試算は、独身の場合でした。年金とは1人ひとりに給付されるものですので、老後はパートナーと2人で生きていく場合、2人分の年金の合計が世帯で使用できる金額となります。

では、先ほどの年収400万円の例とは別に、年収300万円（38歳時点）で国民年金に2年間加入、厚生年金に38年間加入している場合で試算してみましょう。結果は、年間約143万円となり、1ヶ月当たり約12万円となりました。つまり、この2人が老後も一緒に暮らすなら、2人の年金額を合算すると年間約307万円、1ヶ月当たり約25・6万円となります。おおよそ20万円くらいが1ヶ月で使える金額と想像できます。

最近の若い人だと結婚して女性が専業主婦になるより、共働きでやっていく方が現実的ではないでしょうか。ちなみに我が家も夫婦共働きです。このように共働きであれば、年金額は老後生活をしていく上で大きな支えとなります。この試算ではあえて年収を比較的抑えめで計算しましたが、年収が高い場合、納める保険料も多くなり、受け取る年金額も増えます。

以前、退職前の夫婦共働きの方のご相談で年金の金額を確認したところ、夫の年金が約200万円、妻の年金が約160万円でした。合算すると360万円、1ヶ月当たり約30万円でした。これを聞いた奥さまはびっくりされていました。マスコミによる、年金のネガティブニュースばかり見ていたのでしょう。マスコミが年金の不安を煽る時、会社員の夫と専業主婦の妻の家庭をモデルケースとして、報道することが多いです。しかし、現代においては、この設定の方が少なくなってきていると僕は思います。

図32 「共働きのペア」なら、老後の年金は思ったより少なくない

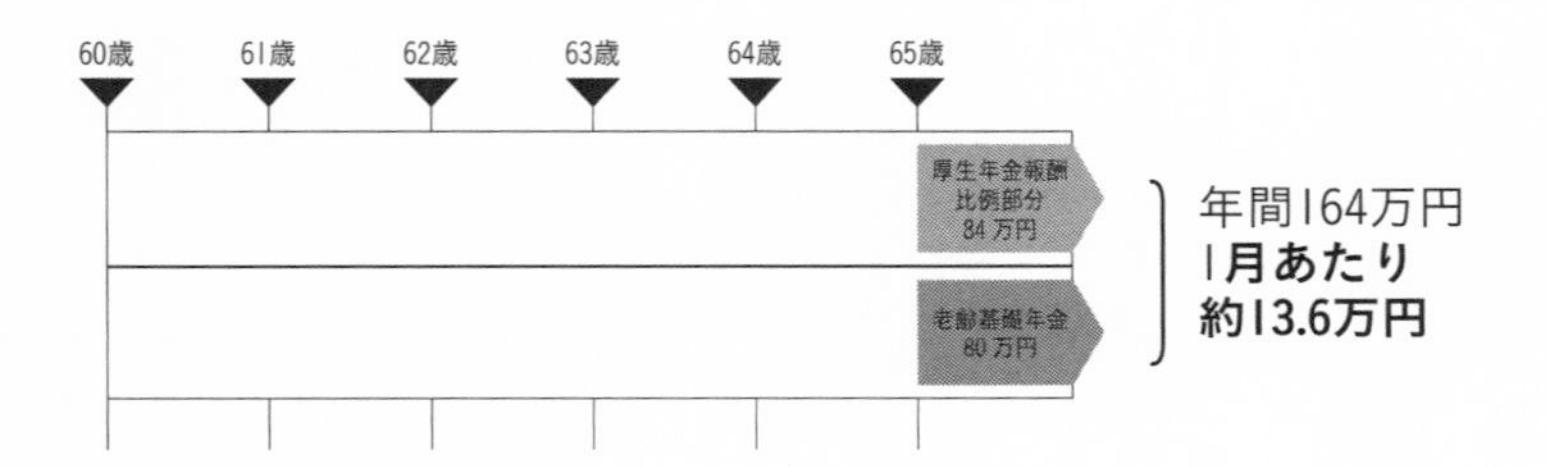

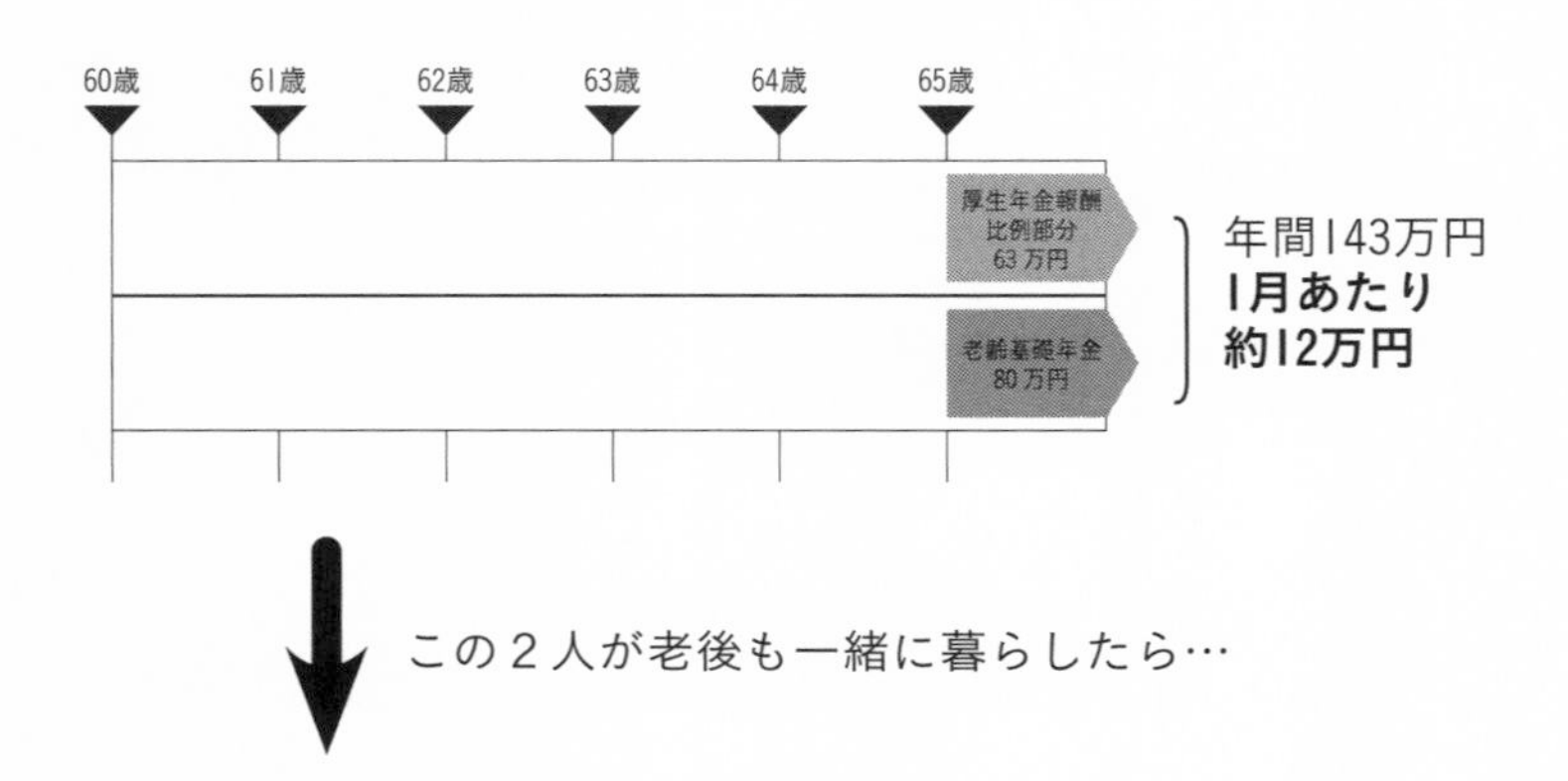

合計の年金見込額は年間307万円、1月あたり25.6万円

「将来の年金は確実に20％減る」と僕が考える根拠

先ほどの共働きペアの例の場合、年金額は年間約３０７万円とお話ししました。しかし、将来僕たちが年金を受け取るときは、これほど多く受け取ることができません。それはマクロ経済スライドという制度で、年金額が調整されるからです。年金制度は受け取る側が増えて、支える側が減っているので、何もしなければ年金制度は破綻します。その調整として、マクロ経済スライドが導入されています。

ちなみに支える側の負担は、保険料水準固定方式によって、一定額で固定されるようになっています。これは将来、年金保険料が高くなりすぎる不安を解消するために、支え手の負担を一定に抑える目的で導入されました。つまり、現在の年金制度は支え手の保険料ではなく、受け取る側の年金額を調整することで維持しようとしています。この受け取り側の調整をするのが、マクロ経済スライドです。

受け取る年金の金額は毎年一定ではなく、物価に連動します。ニュースを見ていると、

「今年の年金額はいくらになった」というニュースがあります。物価は変動するものなので、それに合わせて年金額を調整しないと、年金生活者は困ってしまいます。

たとえば仮に、年金を200万円に固定したとしましょう。その後10年間で物価が2倍になったとすると、200万円の生活水準を維持するためには、400万円が必要となります。物価の上昇=貨幣価値のマイナスですので、物価上昇率と同じだけ年金額を増やさないといけないわけです。つまり、物価が1%上がると年金も1%上がる仕組みになっています。

しかし、年金財政を維持するためには、年金の受け取り側で調整をしないといけません。このとき、「物価が1%上がっても、年金額は0・5%しか上げないようにする」のが、マクロ経済スライドです。こうやって、相対的に「年金が減る」と聞くと、嫌な気持ちになるかもしれません。

でも、**マクロ経済スライドは、世代間格差を埋めるという意味では悪くありません。マクロ経済スライドは、「現在の年金受給者」も「将来の年金受給者」も平等に減額されます。**もし、マクロ経済スライドがなければ、現在の年金受給者の年金は守られますが、その分、将来の年金受給者がツケを払うことになります。結果、年金支給開始年齢の引き下げなどでしか調整ができなくなります。そう考えるとマクロ経済スライドは、僕たち「将来の年金受給者」と「現在の年金受給者」の両方に同程度に負担させている比較的公平な調整方法、と僕は思っています。

ちなみに「年金が破綻する！」という意見は相手にしない方が賢明です。年金が破綻すれば防貧機能がなくなるわけです。結果、生活保護者が増え、国は困ります。現実的に考えて、年金は受取額を減らしてでも維持させるのがベターというわけです。

「年金は減る」が既定路線！なら、僕たちが打つべき次の一手は？

100年先を見通して年金財政の均衡を図る目的から、5年に1度年金の財政検証を行っています。この検証は、直近だと2019年に行われています。そのデータを使って将来の年金がどれくらい減ってしまうのかを確認しましょう。年金財政がどうなるかは、経済成長や労働参加率などによって変わります。そのため、5年に1度定期的に確認しているわけです。

この検証では、「所得代替率がいくらになるか」がケースごとに確認できます。所得代替率とは、「年金額が現役世代の所得と比較して、何%くらいか？」を表した指標です。2019年度の所得代替率は、61・7%となっています。計算式は「所得代替率＝（夫婦2人の基礎年金 ＋ 夫の厚生年金）／現役男子の平均手取り収入額」です。数字を当てはめた結果「61・7%＝（13・0万円＋9・0万円）／35・7万円」となっています。分母が手取りに対して、分子が税引き前という条件の合わない計算式ですが、そこを言い出すと長くなるので、本書では割愛します。

ざっくり、厚生労働省の計算によれば、「現在の年金制度は、現役時の61・7%の年金額となっている」と理解していただければと思います。それに対して検証データでは、将来の所得代替率は一番良い結果であるケースⅠで51・9%となっています（図33参照）。これは経済成長＋労働参加が進んだ場合です。61・7%から51・9%になるということは、約16%減少しています。つまり、**一番良い結果であっても、2046年度の年金額は今から約16%減少する**ということになります。

悲観的な結果を使うならば、ケースⅤやケースⅥを見ましょう。個人的には「ケースⅣ

図33　年金は「破綻しない」ようにできている

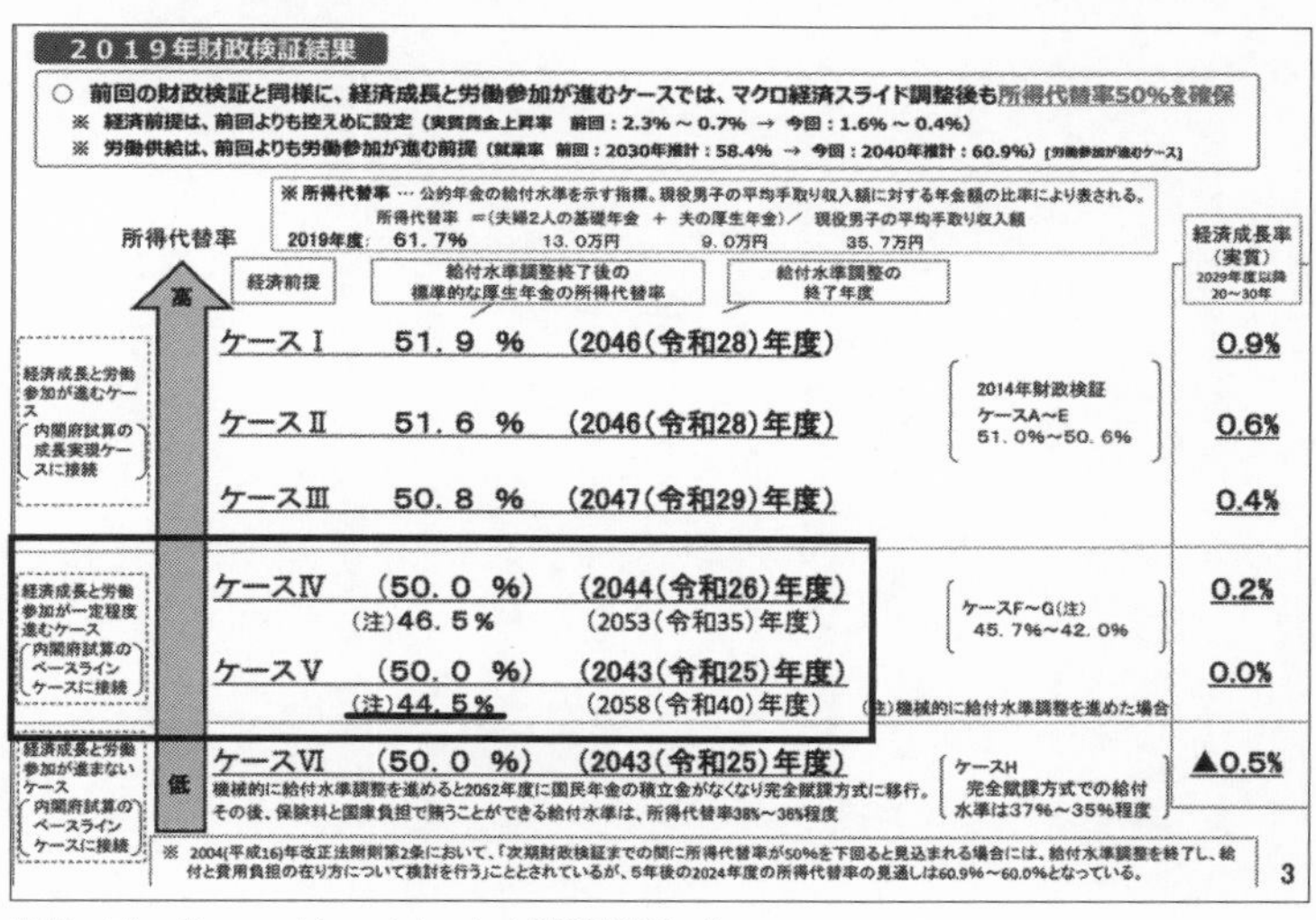

出典：https://www.mhlw.go.jp/content/000540198.pdf

やケースVあたりが、リアルなラインかな」と思っています。ケースVの場合、2058年度には所得代替率が44・5%になると試算されています。現状から約25%減です。つまり、**「将来的に年金は20%前後減ってしまうのが、既定路線」**と見ておくといいのではないでしょうか。

これについて世代間格差がどうとか言い出しても仕方ありません。言っても仕方ないことをウダウダ言って誰かが助けてくれるなら言う価値があるかもしれません。しかし、そうでもない限り、「自分で何ができるか」を考える方がよほど有意義です。

老後の不安を9割減らす　あまり知られていない方法

仮に「将来の年金が20％カットされる」と見積もってライフプランを立てるとしましょう。先ほどの共働きのケースの年金額を使うなら、年間約307万円、1ヶ月当たり約25・6万円でした。これが20％減少すると年間約245万円、1ヶ月当たり約20・4万円となります。ここから税金などを支払うと1ヶ月に使えるお金は16万円強になると考えられます。これでは、さすがに年金だけで生活するのは難しいですね。

では、年金の受け取り開始を65歳ではなく75歳まで10年間繰り下げるとどうでしょうか？　お話ししたとおり75歳まで繰り下げすると、年金額は1・84倍になります。マクロ経済スライドで約245万円まで減った年金が約450万円になり、1ヶ月当たり約37・5万円となります。税金などを考慮しても30万円ほどは使えると考えられます。

30万円なら贅沢しなければ、日々の生活を年金だけでまかなうことができます。本書で行った年金の試算では、60歳で年金保険料を支払い終える前提でした。でも、60歳以降も働く場合、引き続き年金保険料を支払うことになると思います。つまり、その分だけ本書の試算より年金額は多くなることが考えられます。

老後の生活費の不安を解消するために投資をする人は年々増えています。それはとても素晴らしいことです。ですが、一方で**「長く働くことで、老後のお金の不安はある程度解消できること」は、あまり知られていません**。

皮肉なことに、将来に悲観的な人ほど将来の選択肢を減らす行動を取っている、と僕は思います。たとえば、「年金はあてにならない」と言う人ほど、「早く引退したい」と言います。年金不安を持つ人ほど、老後のための貯金をしていません。そんな人は、マクロ経済スライドすら知らないのです。それなのに、老後2000万円問題に騒ぐのです。

老後に必要なのは「2000万円」ではない。もっと！

老後2000万円問題は、多くの人の金融リテラシーの低さを表しています。なぜなら、老後2000万円問題の基となったレポートを読めば、老後への備えは2000万円では足りないことが明らかだからです。それでも老後2000万円問題で騒ぐのは一次ソースを見ることができない証拠です。問題となったレポート『金融審議会　市場ワーキング・グループ報告書「高齢社会における資産形成・管理」』から、おそらく2000万円問題のきっかけになった文章を引用したいと思います。

収入と支出の差である不足額約5万円が毎月発生する場合には、20年で約1300万円、30年で約2000万円の取崩しが必要になる。支出については、特別な支出（例えば老人ホームなどの介護費用や住宅リフォーム費用など）を含んでいないことに留意が必要である。さらに、仮に自らの金融資産を相続させたいということであれば、金融資産はさらに必要になってくる。

どうでしょうか？　この文章を読むと、「2000万円どころか、もっと必要じゃん」という感想ではないでしょうか？　「生活費の収支マイナス5万円が30年続けば約2000万円、それに特別な支出を合わせると3000万円ほどは必要になる」と考えられますね。

さらに言えば年金だけで生活できないのは、もう何十年も前から言われていたことです。今さら騒ぐのは不思議でなりません。この騒動で金融機関に行った人も多いそうですから、金融機関からすれば「カモがネギを背負って来た」と思ったに違いありません。

またこのレポートは、本書で解説した「マクロ経済スライド」も考慮されていないデータです。年金は将来20％減ることが既定路線なので、老後に２５００万～３５００万円が必要ということになります。正直、これだけのお金を老後に残すことは困難なので、僕は「長く働く方が現実的ではないか」と思います。

実際に同レポートでは、65歳から69歳までの男性の55％、女性の34％が働いています。またアンケート結果では、60歳以上で仕事をしている人の半数以上が「70歳以降も働きたい」と回答しています。60歳でリタイヤして、悠々自適な暮らしを夢見るのは自由ですが、現在の60歳ですら、それができる人は限られています。だから、**「実現可能性の高い未来を描く方がいい未来になる」**と僕は思います。

今僕たちがしておく最善の方法は、老後に向けて資産運用をするのはもちろん、老後も働くために自分の資本価値を高めておくことです。そうすることで未来のあなたは多くの選択肢を手にすることができます。資産を築いたあとで、仕事を辞められるようになるかもしれません。それが難しいとしても、資産をある程度残しているおかげで、収入は少し減るがやりがいのある仕事を選ぶことができるかもしれません。

「将来の自分」のために、「今の自分」は何をする？

僕は将来の話をする時、将来は今の延長線上にあると言います。将来の話をしている時、多くの人は「自分とは別人の話をするような感覚で話している」ように僕は感じます。それは、将来の自分のために今のその人は何もしていないからです。今日の積み重ねが将来の自分へとつながります。僕は仕事をお受けするとき、「10年後の自分のためになるかどうか？」をよく考えます。まだ仕事が少ない頃は、翌月の生活費を稼ぐために仕事をしていました。その仕事は10年後の自分にはあまり役に立ちませんでした。今のためだけに必要な仕事だったのです。

でも、これを繰り返して**今日のためだけの仕事をしていては、10年後も今日のためだ**

けの仕事をすることになります。つまり、将来の自分のために何も残してあげられていないことに気付きました。**もしあなたが今、「辛い」と感じる仕事をしているのであれば、10年後の自分にもそれをさせないために、今、10年後の自分のために何かをしてあげないといけない**のです。

日々は意識して生きなければ、ただ流れていくだけです。その日々の中で、小さな何かを積み重ねていきましょう。その積み重ねが大きなきっかけを作り、10年後のあなたは今の自分に感謝してくれるかもしれません。

僕はFPになる前は、1年に1冊も本を読みませんでした。今は年間100冊ほど読書をしています。だからこそ、読書を習慣化させた過去の自分に感謝しています。

自分は今、将来の自分のために何をしてあげられるだろう?

この問いを持ち続け、行動に移し続ける。これこそが、根本的にお金の不安を減らす唯一の方法、と僕は思っています。あなたはどう思いますか? ぜひ、自分のアタマで考えてみてください。

まとめ
Summary

年金とは？

- 年金とは保険であり、「死亡保障」「障害保障」「老後の保障」の 3 つの保障が付いている
- 早く亡くなると年金は掛け損という意見は、死亡保障や障害の保障を無視した極端な意見
- 年金は「長生きリスク」に備える保険
- 年金は早く受け取ることも受け取りを遅らせることもできる
- 早く受け取ると年金額は減少する。5 年早く受け取ると年金額は生涯にわたり 30% 減少する
- 受け取りを遅らせると年金額は増額される。10 年遅らせると生涯にわたり 84% 増額する
- 長生きリスクをヘッジする目的で年金を利用するなら、繰下げ受給は効果的
- 年収 400 万円の会社員が受け取る年金の見込額は、1 ヶ月 13.6 万円ほど
- 共働きのペアなら、当然年金額は多くなる。年収 400 万円と 300 万円のペアなら 2 人で 1 ヶ月 25.6 万円ほどになる

マクロ経済スライドとは？

- 年金額は、物価変動とマクロ経済スライドによって毎年変化する
- マクロ経済スライドとは、年金財政維持のために導入された仕組み
- 将来的には年金は 20% 近く減額されることが既定路線
- ただし、75 歳まで働ければ老後の不安はそれほど大きくない

コラム
Column

賃貸と持ち家、どっちが得？

これは永遠のテーマで、神学論争のようなものです。「この世に神はいるかどうか」を議論するのと同じくらい、決着が着きません。ただし一般的によくいわれるのは、「どちらもそれほどかかる費用では差がない」ということです。

賃貸は一生家賃が必要ですが、持ち家は住宅ローンの利子がかかりますし、購入時には銀行などに支払う手数料が必要です。購入後も固定資産税が生涯にわたり発生します。

さらにリフォーム費用、マンションだと管理費や修繕積立金も必要になりますね。これらコストも含めて考えると、賃貸と持ち家にはそれほど大きい差は生まれないというわけですね。

ですので、僕は住まいについては損得だけではなく、定性的な要素も含めて考えるべきだと思います。定性的とは数値では測れないもので、数値で測れるものは定量的と呼びます。住まいの定量的な部分にそれほど差がないのであれば、定性的な要素で判断しようということです。

賃貸の定性的な魅力は「自由」の一言に尽きます。ローンという大きな借金を抱える必要がないため、違う場所に住みたくなったら好きに引っ越すことができます。また地震で住まいが崩壊しても違う場所に引っ越すだけです。環境や世の中の変化に合わせやすいのが賃貸の魅力ですね。

それに対して持ち家の魅力はなんでしょうか。

まず、所有欲を満たしてくれます。次に賃貸では見つけにくいような物件に住むことができますね。僕はずっと賃貸派でしたが、「田舎の自然に囲まれた環境の一軒家」という賃貸ではあり得ない環境を得られるなら「持ち家はあり」と考えるようになりました。

しかし、大阪に住み続けるのであれば一生賃貸で住み続けると思います。理由として都市部は賃貸市場が活発ですし、多額のローンを抱えるほど持ち家には魅力を感じません。大阪で7,000万円の家も田舎なら3,000万円で同じような住居が手に入りますから。

このように金銭の差だけではなく、定性的なメリットデメリットも含めて自分の性格にはどちらが合っているか？　で考えることをオススメします。

あとがき…20代のときの自分に伝えたいお金の話

ここまでお読みいただき、ありがとうございます。そしてお疲れさまでした。この本の最初の打ち合わせで、執筆テーマは「20代のときの自分に伝えたいお金の話」と聞き、「どんな内容にすれば、本の価格以上の価値を提供できるか？」と考えました。その結果、一番いいのは「土台となる知識」をお伝えすることだと感じました。

インターネットには偏った意見が多く、また基礎知識を学習できるコンテンツが少ないため、インターネットで情報収集していくにあたって、自分のアタマで考えられるよう、できる限り中立な内容を心がけました。

この本を読んだあとは、この本の知識を土台として、自分が不足していると感じる部分を、インターネットや書籍などで深めていただければと思います。

お金の知識というのは、知っているか知らないかで大きく差を生むものです。たとえば年金の保険料の支払いが厳しいときは、役所に行って手続きをすることで保険料が免除される可能性があります。

しかし、これを知らない人は「役所に行くと強制的に払わせられる」と考えます。この「知らない人」とはまさに僕のことです。役者時代はそう思っていたので、役所に行くのが怖くて、結果的に年金の未納期間ができてしまいました。「所得が低い人は保険料の免除や減免、延納を受けられる」と知っていれば、役所に行っていたと思います。こういったお金の知識とは、誰かが親切に教えてくれるものではありません。自分が調べて、初めて知ることができるものです。

YouTubeのコメント欄で「学校で教えて欲しかった」とよく言われるのですが、これは非常に難しいことです。多くの学生は投資や保険には興味がないので、話しても聞いてくれません。

また本来、知識とは「行動してわからないことがあれば、学習し得られるもの」です。つまり、「行動の前に、学習させる学校」とは、逆に位置するものともいえます。「お勉強体質」になってしまった方は、生涯にわたり「行動の前に学習する」と思い込みます。

ですが、これでは社会の変化にはついていけません。大切なことは、興味を持ち、「なぜなんだろう?」と疑問を持ち、「自分のアタマで考えて調べる」こと。そう習慣づけるだけで、自然と「生きていくために必要な知識」を持つことができるでしょう。

ＦＰとして活動を始めて、本書を出版するまでには本当に多くの方に助けていただきました。お名前は伏せますが、ＦＰ業を始めて全く実績がない僕にチャンスをくれたＦＰの先輩方、ＹｏｕＴｕｂｅの配信前に内容に間違いがないかを無償でチェックしてくれているＦＰさん、ＹｏｕＴｕｂｅを毎回楽しみに見てくださる視聴者の方々、本当に多くの方の優しさや思いやりのおかげで、今があると感じています。この場を借りてお礼申し上げます。

多くの国で社会が分断したり、コロナの影響で不安的な状態が続いていますが、それでも僕たちがほんの少しの思いやりを持っていれば、きっと乗り越えられると信じています。微力ではありますが、本書の売り上げの一部は、難民支援の募金とさせていただきます。この本やＹｏｕＴｕｂｅを通じて、多くの方からいただいた思いやりのバトンを僕も渡せていられれば幸いです。

ファイナンシャルプランナー　井上ヨウスケ

参考文献
References

・チャールズ・エリス『敗者のゲーム』(日本経済新聞出版)
・バートン・マルキール『ウォール街のランダムウォーカー』(日本経済新聞出版)
・出口治明『働く君に伝えたい「お金」の教養』(ポプラ社)
・ジョージ・S・クレイソン『バビロンの大富豪』(グスコー出版)
・ジェレミー・シーゲル『株式投資』(日経BP)
・ダニエル・カーネマン『ファスト&スロー』(早川書房)
・ハンス・ロスリング『ファクトフルネス』(日経BP)
・リンダ グラットン・アンドリュー スコット『ライフシフト』(東洋経済新報社)
・草津市_平成24年度調査研究報告書_https://www.city.kusatsu.shiga.jp/shisei/kenkyu/chousakenkyu/24nendohokoku.files/51b675f2010.pdf
・厚生労働省_平成 29 年 国民生活基礎調査の概況_https://www.mhlw.go.jp/toukei/saikin/hw/k-tyosa/k-tyosa17/dl/10.pdf
・ASMARQ_家計簿アプリに関するアンケート調査_https://www.asmarq.co.jp/data/mr201901kakeibo/
・厚生労働省_高額療養費制度を利用される皆さまへ_https://www.mhlw.go.jp/content/000333279.pdf
・厚生労働省_主な選定療養に係る報告状況_https://www.mhlw.go.jp/content/12404000/000400350.pdf
・アフラック_がんへの備え"三種の神器"は『早期発見のための検診受診』『がんに関する知識』『経済的備え』https://www.aflac.co.jp/news_pdf/20110426.pdf
・生命保険文化センターの「生命保険に関する全国実態調査　平成30年_https://www.jili.or.jp/research/report/zenkokujittai.html
・都民共済_生命共済総合保障型_https://www.tomin-kyosai.or.jp/product/life/total/security.html

・株式会社みずほ年金研究所_第4回年金積立金管理運用独立行政法人の運営の在り方に関する検討会 資料
_https://www.mhlw.go.jp/shingi/2010/02/dl/s0222-5b.pdf
・マイインデックス資産配分ツール_https://myindex.jp/user/myaa.php
・金融庁_つみたてNISAの概要_https://www.fsa.go.jp/policy/nisa2/about/tsumitate/overview/index.html
・厚生労働省_平成30年（2018）人口動態統計月報年計（概数）の概況_https://www.mhlw.go.jp/toukei/saikin/hw/jinkou/geppo/nengai18/dl/kekka30-190626.pdf
・社会保険労務士PSRネットワーク_簡易年金試算-年金見込額（サラリーマン・自営業の期間がある方）_https://www.psrn.jp/tool/nenkin_sj.php
・厚生労働省_給付水準の将来見通し（平成26年財政検証）_https://www.mhlw.go.jp/content/000540198.pdf
・金融庁_金融審議会 市場ワーキング・グループ報告書
「高齢社会における資産形成・管理」_https://www.fsa.go.jp/singi/singi_kinyu/tosin/20190603/01.pdf

井上ヨウスケ（いのうえ・ようすけ）
◎ファイナンシャルプランナー。井上FP事務所代表。
◎1986年生まれ、大阪出身。工業高校に進学後、印刷会社に就職し、工場で勤務。4年ほど勤めたが、「このまま自分のしたいことをせずに、人生を終えるのは嫌だ」と思い、脱サラし俳優の道へ。
◎演劇を中心に活動しつつ、JAバンク大阪のCM出演などを果たすも、俳優で生計を立てることの難しさから断念。その後、就職活動を行うも、ことごとく落とされたため、FPの資格を取得。2013年、独立系ファイナンシャルプランナーとして事務所を設立。
◎役者時代に培った"話すスキル"を生かし、講演を中心に活動。講演回数は150回以上。2018年から、動画販売サイト『Udemy』にて、お金の知識を学ぶ動画を販売、現在(2021年2月時点)、受講者数3,370人、総レビュー数766、平均レビュー4.37（5点満点中）と高評価を受けている。
◎また2019年から、YouTubeにてお金の知識を学べるチャンネルを開設、わずか2年で登録者数5万人超を達成、ファイナンシャルプランナーとしては日本最大級のチャンネルへと成長させた。数字だけにとらわれがちなお金の話に"人間らしさ"を加えて、「お金に使われず、お金とどう付き合っていくのか？」を中心に発信している。
◎好きなゲームは、『ウイニングイレブン』（ほぼ毎日プレイ）。

○装丁　安賀裕子
○漫画　松永ひろの
○編集　荒川三郎

38歳までに受けたい「甘くない」お金の授業
ビターな現実に打ち勝ち、人生を9割ラクにする方法

2021年3月15日　初版発行

著者　井上ヨウスケ
発行者　和田智明
発行所　株式会社 ぱる出版

〒160-0011　東京都新宿区若葉1-9-16
03（3353）2835—代表　03（3353）2826—FAX
03（3353）3679—編集
振替　東京 00100-3-131586
印刷・製本　中央精版印刷(株)

ISBN978-4-8272-1272-3 C0030